偏差値30からの中学受験
番外編
中学に入ってどうよ!?

著／鳥居りんこ

番外編によせて

はじめに

『偏差値30からの中学受験』を経て、この本にたどり着いたみなさん、こんにちは。

ようこそ、中学校の世界へ。

受験という重い扉を開き、次に現れた世界は桃色花園〝桃源郷〟……のはずでした。りんこは何のためらいもなく信じていました。

「そうよ。今が、たとえ今が苦しくとも、中学に入ったならば、中学とやらに息子をブッコンでしまったならば私は次のステージに移るのよ〜。そこは一面のお花畑で、私は寝転びながら青空に浮かぶ雲をのほほんと見てればいいのよ〜。ああ、早く来て、来て、中学校♪」

あっしは何という素直な疑うことを知らない無垢な女なのでございましょうや。

「母さん、僕のあの桃源郷、どうしたでせうね?」(ｂｙ『西条八十詩集／人間の証明』より)

どうしたでせう? ってどうしちゃったのよっ!? こっちが聞きたい!

あるべきはずのユートピアがない、ない、ない、ない――っ。

一体全体どうなっとんじゃ。アニメ『犬夜叉』のかごめちゃんのママのように、いついかなるときにも子どもを信じ、励まし、見守るやさしい母になる予定だったのに、なんで、なんでこうなるの?

ひょっとしてここが「地獄の2丁目」ですか？　と思わず番地確認してしまったほどです。

そこらにいた無数の先輩母たちがりんこに向かってこう言いました。

「あら～、やっぱり来たわね。いらっしゃい。待ってたのよ～」

いや～、来たくないから。あっしはユートピアに行くんですから離してください。

一応、中学とやらに入ったんですし、双六で言えば上がりですよね？

うっそー？　なんでみんな首振るのぉ？

この本はりんこが慌てふためきながらも、こころの桃源郷を求めて100名近いチュー坊（嬢）母たち（大・高も含む）に聞き回った内容をまとめたものです。

今現在、中学受験を目指して地獄の1丁目付近で迷子になっておられる母には、ショックが強いかもしれません。また、パラダイス行きの飛行機にすでに搭乗された方には関係のない本でございます。

「偏差値30からの中高一貫生活」というキーワードにビビッと来る、あなただけに捧げます。ご一緒に双六の振り出しから駒を進めましょう。どうぞ気楽にご覧ください。

HP「湘南オバさんクラブ・卒母の会」の大切な友人たち、編集者の方々、その他、この本を刊行するに当たってご協力くださった方々すべてに「ありがとう」でございます。

最後に全国の「たこ太・たこ子」をお持ちのたこ太ファンのお母様。

たこ太はおかげ様で元気です。今日もたこ太はたこ太です。お宅の愛すべき「たこ太・たこ子」も元気であられますよう、祈念してご挨拶とさせていただきます。

鳥居りんこ

偏差値30からの中学受験 番外編 中学に入ってどうよ!?

contents

4—はじめに

9—第1章 受験終わりました

10—もしも志望校がスマップだったら

16—怒濤の2週間

22—岸壁の母

26—勝ち組？ 負け組？

32—イカ頭巾ちゃん劇場 オレオレ詐欺の真実

33—第2章 桜咲く、3月

34—小学生の顔に戻るとき

38—たとえ笑顔になれなくても

42—桜舞い散る道で — 卒業式

46—お私立様の有難きご配慮

52—戦い済んで日は暮れて、制服買ったら一文無し

58—イカ頭巾ちゃん劇場 一番偉い者

59—第3章 4月、中学生になりました！

60—三世代の春

64—母の進化と子の進化

68—ダスキンとZ会における心理的葛藤に関する一考察

72—未知との遭遇

76—本当のマダム

82—アン・アン・アン、イミテーションゴールド（カッコーの子育て）

88—これってトリビアになりませんか？

94—尽きぬ女優魂

98—すべての毛が揃うまで

102—旅する体操着、旅する息子

106 哲学のススメ
112 魔法使いVS数学者ユークリッド
116 進学校の不安　付属校の不安
120 預言「占い師になれ！」
126 反抗期が始まった〜あたし、こんな子産みましたっけ？
132 パッチワークのつなげ方
136 イカ頭巾ちゃん劇場　火の車

第4章 5月、中間テストで深海へ行く 137

138 鉄はすでに冷めきって打っても打っても、あーあ、もう
142 宿題、宿題、超宿題
148 「全日本キレおやぢの会」入会募集（資格審査有り）
152 クラブに燃える日々
158 素で受けるのは止めよう、中間テスト
164 面談の心得
168 深海サミット開催される！　PART1
174 イカ頭巾ちゃん劇場　不公平

第5章 夏休みの前に 175

176 早く人間になりたい
182 子どもたちは中学校で何を見つける
186 期末テストを終わってみれば夏期講習に速攻電話
190 深海サミット開催される！　PART2
196 イカ頭巾ちゃん劇場　白い雲

第6章 つまり結論 197

198 たおやかに、しなやかに
204 君は君の道を行け！
208 おわりに
奥付

osamukun

kimijimakun

mikachan

takerukun

itsumichan

osamuhaha

takeruhaha

mikahaha

kimijimahaha

第１章

受験終わりました

年が明け、いよいよ受験の本番を迎えます。第１志望への夢が叶った人、残念ながら桜咲かなかった人、そこには様々なドラマが待っています。そして、この本の物語もそんな２月から始まるのです。「受験終わりました！」からスタートするもうひとつのドラマ。母の苦労はまだまだまだまだ、終わりません！

2
February

もしも志望校がスマップだったら

唐突ではありますが、目の前に突然スマップの5人がやってきて「僕らの中からひとりを選んでつき合ってください！」と言われたらどーしよ!?　って真剣に悩んだことないですか。ない？　えっ、普通、ないでしょって？　えー？　ない？　ホントにない？　おかしいなあ。だってりんこにはあるんだもん、これが。人間誰でも、受験やら人間関係やらで、疲れることが次々と襲いかかってくると妄想癖に取りつかれ現実逃避を始めたくなるんですよ。で、りんこの場合、そういうときはスマップなわけです（いーじゃん、好きなんだもん）。おまけにあっしは真面目ですから妄想の中でも真剣に悩むんですね。

う～、迷うなあ。木村君かなぁ？　やっぱミバが文句なくいいし連れて歩いて自慢しちゃろ。でも、あれだけ自分にストイックだと他人にも厳しそうだよなあ……。じゃ中居君？　おねだりしたらナンノカンノ言いながらも、好きなもの買ってくれちゃいそうだけど、う～、あれだけ周囲に気配りする人だとプライベートでは疲れまくり？　じゃっじゃっ、香取君？　でも彼って年下キャラだから、甘えられるのも、ちょっとしんどいかも。なーんていらぬ想像を巡らす、巡らす。そして、あげくの果てには（いかんせん決断力がほとんどと言っていいくらい欠けておりますもんで）、悩んだ末にこう叫び出すわけです。

決められないならやめればいいのに、そこはりんこ、瞬時にしてまた別のアイデアが閃きます。

「そっだ！　月曜から金曜まで日替わりメニューで相手を代えて土日はオバちゃんも疲れちゃうからお休みね、っての、これどうよ？　こういうのができたらスマップ全員とおデートできて、最高ハッピイだよね～？　あ～、どこに連れてってもらおうかしらん♥」

こうなるともう、あまりにナイスなアイデアに自分ですっかり酔ってしまい、知り合いの母にこの話をご披露せずにはいられない。しかし相手をちょっと間違えてしまいました。相手は中学受験がもう目の前にぶらさがっていて視野が狭いったらありゃしない母だったのです。

「借りてきた猫」と言っただけで「カリテ（N研の復習テスト）がどうしたって？」となり「丸山マスターズ予選落ち」と言っただけで「マスター落ち？　やっぱ落ちるよね」とため息をつく（マスタークラスN研の最上位クラスの名称）。

「ウサギみたいに耳ピクしてないで、人の話をちゃんと聞け！」

フン、ったくよ～、マスター落ちたって栄冠クラスなんだからたいして変わらないじゃん！　と頭良しクラスにはまったく縁がないりんこは、こうひがんだりするのです。

まあそんなこんなで「スマップ日替わり定食でナイスな日々」というアイデアに彼女はこう言いました。

「うん、私もそう思う！　1週間でいいよ。1度、1日交代でいいからあるがままの姿を生で体験させてくれないかな？」

「え～？？？？　なまぁ？　体験？？？　あっしはおデートって言ったんだよ。そんないきなすぃ？　相手は天下のスマップなんだよ、図々しい！」

「だって実際入れてみないとわかんないじゃん、中までは……」

「ヘッ？　入れてみる？　中まで？？　えー？　アンタ、女ぢゃん!?」

「そうよ、男子校ってわかんないのよね、結局、女には……」

「ヘッ？　男子校？　何？　何？　なんでスマップが男子校になんの？」

お受験母はなんでもかんでも話をお受験に結びつけて考える習性があるので、こんなトンチンカンな受け答えになってしまいやすいのです。りんこの楽しい妄想を断ち切って、お受験母はこう説明します。

「第1志望は中居中学なの。オールマイティに好感度が高い学校。でもカレは忙しすぎるのでアレもコレもソレもやらされヘロヘロになってしまいそうな気がする。文武両道でついていければ文句ない学校だけれど、家のようなドン臭いのが入ったら肩身が狭いような気もするし……。

第2志望は木村中学。誰もが認める超難関校。チャレンジ受験だけど、もしも入学できたらいろんな選択肢が選べて世界も広がり、その世界は結構ビッグな道に繋がっていると想像でき……。でもカレは自他共に厳しいので、もしも自分の身の丈に合っていないのであれば毎日毎晩背伸びをし続けることになり、足がつりっぱなしの大変な6年間になってしまうかもしれないじゃない？

第3志望は吾郎中学。すごく個性的で理知的。これぞ私学という教育をしてくれそう。確かに魅力的だけど我が子に合ってるかどうかまではよくわからない。

第4志望の剛中学。ほんわかムードだし語学はしっかりだし礼儀正しいし、これはこれで文句ない。でも息子はどうもピンときてない様子。

でね、第5と言っちゃなんだけど慎吾君は公立中。最初は子どもだと思ってただ可愛いな〜、ヤンチャだなあって微笑ましく思っていたのに、いざフタを開けてみれば、すっごく立派な大人になってる。おまけに誰よりも背も高いし、なんなの？　こうなってくれるなら最初から慎吾にしときゃムダなお金も時間も使わずに済んだのに！　ってあとからとっても後悔しそう……」

なるほど、通訳させていただきますれば、つまり、かわいい息子に5つの選択肢があるとして、1日でいいから実際に入学したと仮定してシミュレーションをやらせてもらえないだろうか？　という（まわりくどい）話だったのか。なんだ、つまらん。いらん妄想をかきたてられてしまったではないか……。

早い話「もしも志望校がスマップだったら？」というお笑いネタになっているわけですが、お受験直前母たちは一般ピーポーとは違う世界で妄想してますから、そこのところはお許しあれ。

でも、真面目な話、これは母たちにとってはぜひ実現して欲しい夢のひとつではないでしょうか。

いくら在校生の声を聞き、学校に足を運び、雰囲気を感じ取ったとしても、これこれこんなだから家の娘には絶対合っている！　という思いは「頼む、合っていてくれ！」という懇願に近いというご家庭も実際には多いのです。

もう直感に近いような感覚と偏差値、日程のみで受験校を選択し、受かったところが「ご縁があって良い学校」となるケースが大半でしょう。だからこそ、

入学してから合わなかったらどうしよう？

なんか運だけで入っちゃったのはいいけれど、学校内でどん底の深海這いまくってたらどうしよう？

すごーくレベルを落として入ったからブッちぎりトップでいいはずなのに、協調性がありすぎてみんな

に呑まれてしまったらどうしよう？

気の合う友人ができずに孤立してたらどうしよう？

どうしよう？　どうしよう？　と母はいつでも悩んでばかり、心配ばかりしてしまうのです。

私立にさえ突っ込めば公立よりは絶対マシなの？

この受験は子どもにとって本当の意味でのプラスになるの？

全落ちなのに「中学受験は良かった」って言える日が来るの？

希望した私立に入ったのに「こんなはずでは！」って思うことは絶対ないの？

う〜ん。私立ならば絶対素晴らしくて公立はどうしようもないとか、この学校ならば我が子は絶対に素敵な青春を過ごせるなんていう公式も保証書もありません。そんなん結婚生活を一度でも経験したあなたならおわかりでしょう。

「この男と結婚したけれど、もしかしてあの男だったら今ごろ、私はどうなっていたのかしら？」

極論しちゃえば、あなたはあなたなんですから、あの男にしようが、この男にしようが結果的にはたいした差はなく、ブツブツ文句を言いながらも、取りあえずは適度な幸せの中で暮らしていくはずです。

「あの男《ひと》しかダメ！」って気持ちは必要ですが、賽《さい》が投げられて「この男」に決まったんですから、決まった以上は「この男」と仲良くしたほうが毎日が楽しいじゃないですか。

数多《あまた》いる芸能人の中からスマップを選び、そのメンバーそれぞれに魅力を感じての受験です。結果、木村中学でも、剛中学でも、慎吾中学でも子どもにとってはオールＯＫ。それが子どもが持っている柔軟性というのか不思議な力なんだと思うんですね。どうしても、どうしても合わなかった場合には、また考えればいいのであって、今から取り越し苦労をしてても、老婆が追いかけてくるだけ（イコール老婆心）ですからやめときましょう。

お受験本番1週間、怒涛のような時間の流れに身を置いて疲れきっている母も多いでしょう。「キムタクが良かったのにぃ！」ですとか「吾郎ちゃんじゃなくちゃ私はダメなのぉ」とか泣き崩れている母もたくさんたくさんいるでしょう。

でも大丈夫。あらゆるルートで本命に振られた女たちのその後を取材しましたが、ほぼ100％3年経ったら、自分が大泣きしたことも忘れています。もう3年も経てば「元カレ」がどうのとか言ってられないくらい今の男のことに必死ですから。それどころか今の男にも捨てられかねない状況の女もたくさんいるんですね。

中学受験はこうやって母の中で「今昔物語」になっていくのが正しい道のりだと、りんこはかように思う今日このごろです。

2
February

怒涛の2週間

世にも忙しい2週間である。アスリートでたとえるところのオリンピックであろうか。世界トップクラスの戦いとは次元が違いすぎるが、まさしく我が家なりの史上最大級の祭典が始まる。

ドキドキの願書提出に始まる津波のような日々。願書にボールペンの小さなボタ落ちを発見しても「あああぁ」とこの世の終わりの如く机に突っ伏し、受験料振込に行った銀行の窓口のお姉さんに「がんばってくださいね」と言われただけで涙ぐむ。そんな小さなひとつひとつのことまでも、終わってみれば鮮やかな記憶となって蘇る。

笑い話のような話だが、この時期受験番号の語呂合わせで昇ってしまう母もまた多い。

「りんこ？　もうダメかも。受験番号が444だった。444よ！　ヨヨヨだと縁起悪いからシって読もうとするとシッシッシじゃない？　ああ、お父さんなんかに行かせなきゃ良かった。どうしよう、どうしたらいいの？」

フィーバーで良かったやん？　と言ってもムダだ。このころの母は本当にイッているのだから。

「758です。りんこさん、受験番号が758になりました。やっぱり東京には縁がないんでしょうか？」

はい〜？　ああ「尾張名古屋は城でもつ」の名古屋って読んだの？　東京の学校しか受けないのに関係

ないじゃん？

「ええ――、終わり!? やっぱり758は終わってるんですね！」

なんでこんな発想になるかなぁ？

受験番号1番は合格の確率が低いらしいという噂だけで願書の順番を譲り合ってしまう順番待ちの親の話を聞いたことがあるが、当事者にとっては大問題。過ぎてしまえば大笑い。受験番号ひとつとっても上へ下への大騒ぎである。

もう必ずと言っていいくらい、この時期の母は全員悲観的なモノの見方しかしない。福引に当たろうものなら「こんなところで運を使ってしまうなんて……」とうるさいったらありゃしない。最後の模試が悪ければ悪いなりに落ち込み、良ければ良いで「ああ、今回いいってことは本番は!? ああ、ああ、あぁぁ～！」となぜか嘆き悲しんでいる母は多い。

もっとラテンのノリで我が家の祭典を楽しめんもんかねと言うは易しで、現実にはラテンは地平線を越えてもまだ遠い国、自分には生真面目な島国根性しか持ち合わせがないということが身に染みる時期でもある。

塾での壮行会。1週間後には運命が決まっているがゆえの悲壮な覚悟。明日はいよいよ受験本番、校門をくぐる子ども、塾の先生の握手隊。祈る自分。待合室での静寂。面接での緊張。発表の瞬間。子どもと並んで歩く帰路。

東京、神奈川地区であるならば2月1日、2日、3日、4日、5日、6日と脳内ビデオには妙な興奮状態にいる家族の様子がいつでも再生可能な状態で保存されている。

そこには日を追うごとに結果のいかんにかかわらず、あきらかに疲れ果てていく自分が映っているのだ。オババと化した体には長丁場の戦いは正直言って無理がある。

2月1日、第一志望、余裕の合格、もう受けない。こういう状況であるなら親も子も疲れも少なく、一番歓迎したいパターンと言えるが、これは極めて少ない事例である。現実には2日も3日も4日もあって「陽はまた昇る」状態、疲れていることなんて考えもせず突っ走っていかねばならない1週間がそこにある。2日の結果によっては3日のW出願校をどちらかに決定しなければならないことも多くあろう。4日、5日と慌てて願書を取り寄せるということも決して少ない話ではない。

ある受験生の母は2月3日の結果がNGであったため、願書を出すために5日校へ向かった。塾から「今から急いで5日校へ行け!」と言われたためである。しかしショックで足取りもおぼつかない。辿り着いた学校の最寄り駅ではすでに16時をゆうに回っている。願書提出締切時間は16時。彼女はサイボーグに変身したかのごとくハイヒールで走った。「今まで生きてきた中で一番急いで走った」のだそうだ。しかし事務所は無情にもカーテンが閉められており人の気配もない。彼女は必死にドアを叩き続ける。

「すみません! すみません! すみませ———んっ!!」

絶叫を聞きつけた係の人が出てきた。マスカラが涙と汗でグチャグチャだ。パンダと化した顔で「すみません!」と言い続けるオバサンは、とてもこの世のモノとは思えない迫力だったのだろう。締め切り後ではあるが、余程恐ろしかったと見え受験手続きは許可された。今、現在、めでたくもその学校に通う息子を持つ母、入学式で仰天した。係のおっちゃんと思って泣いて「すみません!」と願書を差し出したそのお方こそ誰あろう、学長様であったというオチがつく。

別のある母は「まさか5日まで受け続けようとは」夢にも思っていなかったのだ。しかし夢が現実に変わってしまったのだから仕方がない。5日受験を4日の夕暮れに出願した。しかも窓口でその場で書いての出願だ。

「ああ、ボールペンが！　ボールペンが薄くなってる！　すみません！　ボールペンを貸してください！」

窓口で叫ぶ。

「すみません。写真を貼るのりを貸してください！」

もうナリフリ構ってはいられない。

「あああ～！　写真のサイズがサイズが、あああ～もう、もうダメだわ、もうダメだわ」

窓口の人も大変だ。「大丈夫ですよ。多少、サイズが違っても」となだめすかすも、舞い上がっている母を冷静にするのは至難の技だ。

そうかと思えば受験当日、上履きを忘れてしまう母もまた多い。己の情けなさに悔し涙が溢れ出す。急に受験を決めた学校だったとはいえ、己のミスになんの言い訳ができようか……。真冬の入試に来客用スリッパで臨まねばならないなんて。半べその娘と共に来客用スリッパを借りようとしたとき、案内担当の在校生の声がした。

「よろしかったら、これをお使いください」

にっこり笑って差し出してくれたものは、その生徒さんの上履きであった。

「これで、もう大丈夫。がんばってね」

と言ってくれたお姉さんの存在に親子で本当に救われたのだと言っていた。

「4連戦すべてNGで、もう後がないと思っていた学校で上履きを忘れちゃったから気が動転しちゃって。でも、最悪の状況で手を差し伸べてくれる先輩がいるんだって思ったら、ここに娘を預けたい！　って必死で願った。地獄に仏ってこのことだよね。ああ、そこはミッション系だけどね。娘も感激して『自分の上履きを脱いで、私は体育館履きがあるからこれ使っていいよなんて普通言えないよね？　私、お姉さんのためにもがんばる！』って気持ちを切り替えたんだよね。この学校でこういう出会いが待っているというための4連敗だったって今はそう思える。娘もきっとこの学校で自分の上履きを脱いで貸すようなやさしい子に育ってくれると信じている」

受験校が多ければ多いほど闘いが長引けば長引くほど、後になって思い返せば笑い話のような話もあるし、かけがえのない温かな出会いも待っている。

入学試験中、発表前後と母の脳内モルヒネは噴水のごとく湧き出ているので「あんなこと、こんなことあったでしょう」の世界である。しかしすべての結果がわかってからの記憶の曖昧なこと。気がつけばこの入試本番のタカだか1週間で驚くほど老けてしまった女がひとり、家の中でただただボーっとしている構図が浮かんでくるのだ。

この寂寥《せきりょう》感は「祭りのあと」には欠かせない。「我が家の祭典」を前にした独特の高揚感、本番中の緊張感、すべてが終了した後の寂寥感。この一連の流れは何年経っても家族の思い出として確実に残る。

友人のお姑さんの話だ。ボケも始まり、物忘れの症状がかなりあって困っているとのことだった。「もうおばあちゃんは日常の大部分は違う世界を彷徨《さまよ》っているっていう感じなんだけど、面白いことがあるのよ。おばあちゃん、もう何もわからなくなってきてるんだなーって思うとね、ある話題のときだけシャンと記憶も気持ちもバッチリ戻ることがあるの。なんだと思う? 驚くわよ。中学受験よ。自分の子どもの中学受験の話のときだけは本当に背筋も伸びて生き生きしているの。それほど心に残ることだったのかなーって。本当に子どものことだけを考えて、子どもの幸せを願って願って暮らしてきたような人だけど、その思いだけで暮らしてきた長い年月が受験の本番前後の2週間に凝縮されちゃうんだなーって思うと涙が出ちゃう。誕生の瞬間でもなく、小学校の入学でもなく、大学受験でもなく、ましてや就職とかではまったくなくてね、なんでだか中学受験なんだよね。

受かったところがどうのこうのとかいうことではなくて、息子とふたりで同じ目標を目指して過ごした日々ってのが宝物なんだよね、きっと。後にも先にも子どもとこんなに濃密に過ごした日々ってのもなかったって言うのね。そりゃそうよね、家のダンナは親になんて相談するような人じゃないから自分で何でも決めてったんだろうから、中学に入ったら急に手が離れてしまって寂しく感じたんじゃないかな。思えばあのころが私の人生の花だったかもしれないわってしみじみ語るの。その気持ちもわかるなーって思ったりもしてね。なんか不思議よね……」

そうなんだ。中学受験、最近始まったばっかりの歴史の浅かモンという感覚でいたが大間違いであったか。昔も今も母の気持ちは受験というフィルターを通せば同じであるのか。

受験本番前後2週間、誰に聞いてもスローモーションのように時が流れ、記憶の中でコマ送りで動く家族がいる。母にとってはきっとかけがえのない2週間なのだと、りんこは思う。

2
February

岸壁の母

人間、何が辛いってどん底に突き落とされたかのような絶望感にさいなまれたときは相当辛い。自分だけが孤独で寂しくドンヨリとした冴えない気分でいるときに他人の幸せそうな声を聞いてしまった日にゃ、もう二度と立ち直れないという感覚に襲われること必至だ。

受験結果が出揃う2月の半ば過ぎから「外出できない症候群」の母たちが数多く出現する。「もしかしたら…」「万が一…」「いや絶対！」来るはずだ。熱望校からの繰り上げ合格の電話のベル。不在で取れませんでしたなんてことになったら、母は死んでも死にきれない。

全国のお母さん、あなたが友人を本当に大切に思うならば入試結果を未だ連絡してこない友人を心配して電話をしてはいけない。良い結果であれば彼女は確実に、支えてくれたあなたにお礼の電話をして喜びの声を聞かせてくれるはずだ。しかしその電話がないのならば、ぜひそっとしておいてあげて欲しい。彼女は今、微動だにせず電話機の前で繰り上げの知らせをひたすら待ち続けているのだから。ベルが鳴った、ハイ取った、オットどっこい聞きたくもないあなたの声だったら、このガッカリ度は計り知れない。

りんこの友人はダンナからの「遅くなるコール」に「2度とかけてくんな！」と怒鳴って夫婦喧嘩に発展してしまった。普段はラブラブ夫婦なので、やはりこの時期の母は子育て中の雌ライオンなのだ。うかつに触ってはいけない。

またある母はメールで「繰り上げを待っているが電話が来ない。外出したときにかかってきたんじゃないかと思うと夜も眠れない。いっそ繰り上げの連絡を家にくれたか？　と本命中学に電話したらマズイだろうか」という相談を持ちかけて来た。やはり、この時期、雌ライオンにうかつに触ると火傷する。

実際に繰り上げ合格の電話をもらった母の話によると「○×中学でございますが」という名乗りを上げてから「よろしければ入学の手続きを」となるそうだ。

一も二もなく「ハハ～！　光栄の至れり尽くせり」という感じで最敬礼で受話器を置いた瞬間、まさに天にも昇る気持ちだったというのだから、受験というのは一瞬で立場が天と地ほど逆転してしまうものなのだと思うと余計にため息が出る。しかし、冷静に考えるならば、最敬礼するどころかアンタ（本命校）がサッサと返事をしないから併願校にお金も払い～の、制服も注文し～のってなっちゃったぢゃん！　大損こいた。損失補てんせんかいッ！　って怒鳴り込んでもいいんじゃないかと思うが、そこは立場が弱過ぎる。そんな損得勘定もできないくらい舞い上がってしまうものらしい。

繰り上げというものは学校によっても、年度によっても、まったくといっていいくらい当てにならないものである。あるかもしれないし、まったくないかもしれない。あったとしても我が子はかすりもしないかもしれない。別れを告げて出て行った男を岸壁で待っているような状態なのだ。

「今カレがどうしてもオマエじゃないとダメなんだって言うから思わずOKしちゃったけれど、あたしは今でも元カレが好き！　お願い！　結婚式の指輪の交換が済む前に私をさらいに戻って来て！」

映画「卒業」のヒロインを演じてみたい母に、こんなことを言うのは実も蓋もないのだが、大多数の電話待ちの母たちは、そのまま今カレとの結婚式を無事に挙げ、なんのかんのと言ってるうちに4月に突入してしまい、元カレの存在も陽炎のようにたよりないものになっていく。まあ、何て言うのか「今のカレのが全然いいじゃん！」ってことになっていくのだ。

「2番目に好きな男」というのが女性誌に特集として組まれることがままあるが、受験もこれに似たところがある。すなわち、結婚するのならば恋焦がれて何もかも投げ出してしまいたいほどの一番に好きな男ではなく、そんな情熱は感じないが、まあ、一緒にいて疲れないし、向こうは自分を好きだと言っているし、このまま何もなく年を取ったら縁側で仲良く茶でも飲んでるのかなーって予感がする2番目に好きな男にしたほうが幸せになれるという特集である。

要はヨン様と結婚できたとしても、何かと落ち着かないでしょうが？　っていう意味で、そこらにいるイケテナイ男だけれど、アンタのことを一番深く愛してくれてる男に気がつけっていうような内容だ。

りんこの場合を正直に話そう。当時は子どもの能力一切無視で1ポイントでも偏差値が高いところに突っ込んで、そこらのオバちゃんに「たこ太、すごいね〜！」と羨望の眼差しで見られ、うつむき加減で「いやん、たいしたことないわよ。おーほほほ」って言ってみたかっただけなのだ。まあ、そのどうでもいいような夢は入塾後すぐに「とんでもない夢」とわかって露と消えるのであるが、一番好きな男と2番目以降のいわゆるキープ君とでもいうような男たちとの狭間で悩む母たちもまた本当に多いのだ。

りんこも今から思えば恥ずかしながら無謀にも「繰り上げないかな〜」なんてチラッと思っていたひとりであった。来たら「おーほほほ。残念ですが、宅の坊ちゃまはもうよその学校に参りますのよぉ。でも、どうしてもっておっしゃるなら考えなくもなくてよぉ」なーんて言えたら楽しいやね〜と思っていた。

つまり結論から言えば「繰り上げ」は来ても良いし、来なくても良い、ということなのだ。ヨン様が「やっぱオマエだけだ！」って言ってくれたら迷うことなく、カレの胸に飛び込めばいい。国籍が違おうと、言語が違おうと、苗字が「ペ」になろうとも愛の力は何にも勝るかもしれず、未来永劫最高ハッピイになるかもしれない。

でも、本命校から最後までお呼び出しがかからなくとも、そんなに悲嘆にくれることもない。この瞬間は「されど中学受験」でも、あなたもいずれ実感することになるのだが「たかが中学受験」なのである。受験は行きたいところを目指すべきだし、それを思って日々やっていくしかないのだが、ヨン様クラスと結婚できるケースのほうが圧倒的に少ない。たいていの受験生が一個や二個の辛酸をなめて受験を終える。2番目に好きならまだいいじゃん！　あたしなんて6番目よぉって母も大勢いる。人も羨む玉の輿でお嫁入りしたとしても、育ってきた環境のあまりの違いに三行半が突きつけられないとも限らない。逆にはなはだ腹立たしいが「玉の輿」がいっそう光り輝く場合だってあるだろう。

人様から羨ましがられるどころか、気の毒がられる状態であったとしても、そんなことは子どもの長い人生から見たらささいなことで、人生何がどうなるかわからないから面白いのだ。

受験が終わって何も手につかない放心の日々を送っている母たち。放電しなければ充電なんてできない。だから今は思い切りボーッとしよう。今まで忙し過ぎたし気も張り過ぎた。もう何もせず、化粧もせず、仕事もせず。ましてや家事なんてどうでもいい。ひたすらボーッとする時間が必要だ。これ以上ボーッとできないと感じたそのときから起き上がろう。冬眠は終わりだ。花の命は意外と長い。苦しいことばかりの茨の道かもしれないがあなたの道はまだまだ続く。続くったら続くのだ。

2 February

勝ち組？　負け組？

嵐のような受験が終わってひと息つくと、世間じゃ勝った負けたと、評価はまさにまっぷたつ。なんで受験が勝ち負けなんじゃと鼻息を荒くして言ってはみても、なんかそういう雰囲気が漂っているんだよね。で、りんこは考えてみた。

一般的大雑把なくくり方をするならば、中学受験の「勝ち組」は我が子が入学する予定の学校名を人に聞かれようものなら1回では教えてあげない。2回目で「そんなたいしたとこじゃないわよ」とはぐらかし、3回目でやっと「いやだ、誰から聞いたの？　うん、そうなんだけど、いやだ（家の子なら当然だけど）マグレよ、マグレ」と言いながら、その目に「きらり〜ん」と「勝った印」が光っているというタイプに代表されよう（↑ひがみ度120％）。

一方「負け組」はもう何をどうしようが難破船にでもなったかのようなどうしようもない悲しみでいっぱいなので「お気の毒」という言葉もかけられないムード満載といったところであろうか。

しかしである。りんこに言わせれば、これはまったくもって誤った考え方なのである。ひとつの事例を挙げよう。三人兄弟を育てた母がいる。一番上のお兄ちゃんは努力の人でコツコツと課題をこなし最難関と呼ばれる学校に入学。真ん中は要領の達人。母には真面目に取り組まないというイメージが先行するもんだから、この子の受験は全落ちを覚悟していた。しっかし結果はTOP校総なめ、ごちそうさま～状態。そしていよいよ末っ子の受験を迎えた。この子、偏差値的には上ふたりのさらに上を行くものだから、傍目には何の問題もなく兄と同等クラスの学校に通うもんだと思われていた。しかし何がどうなのか結果は全滅。本当にどこにも受からなかったから公立に行くと母が言った。絶句したりんこに彼女はこう言った。「この子は精神的に幼い。だから中学受験は早かったんだと思う。でもね、私は心からこの子の3年後を楽しみにしてる。なんかね、どれだけ大きくなってくれるのか、負け惜しみじゃなくワクワクしてるの」

受験の○×なんて気持ち次第で簡単に逆転するものなのだ。しかし受験に勝ち負けというものを無理矢理にでもこさえるとするならば、りんこはこう定義したい。

本当の受験の勝ち組というのは、なんも考えずに気がついたら、受験が終わっていたという母である。しかもこの母、2通りに分類される。

一番の勝ち組母は公立コースを辿った（正確には子どもに辿らせた）母である。中学受験なんて言葉も知らず当然のごとくなんの迷いも悩みもなく、そこらに建ってる公立中学に行かす。まあ子どもは、中学生になっても、小学校のときと変わりなく寸暇を惜しんで遊んでいるけれど、やる気がない子の尻をひっぱたいてもな、親がやれやれ言ってやるようじゃ、しょせんダメなわけだし、まっいっかとばかりに子どもは塾にも行っていない。要するに部活三昧の生活だ。

ところが子どもは中3になっていきなり変身。「お母さん。オイラを塾とやらに入れてくれ！」と懇願され「そんなに行きたいなら、じゃあどうぞ」って塾の申し込み用紙に押印するやいなや我が子爆裂。あれよあれよと気がつけば学区トップ校に余裕で合格。塾も最短しか行かなかったし燃費がメチャクチャいいかもこの子ってと、人ごとのような感想を言ったりはするがこういう母は他人と自分の子を比較しないどころか興味の対象外なので、我が子がスゴイとかもたいして思わずに、みんなこんなモンだろうと思っている。そーこーしているうちに息子は「京大に俺のやりたい学問があるから行ってくるわ」と言い残し、あらまホントに行っちゃった、りんこ、今度京都に行くけど一緒に行って金閣見ない？　とかいうお気楽母である。

もうひとつのタイプはやっぱり何も考えていないのだがお子のできが異常に良い場合。

「う〜ん、子どもがそこらの塾に行ったら物足りなくて中学受験塾に行ってみたいって言うから、試しにオープン模試を受けさせたら、子どもがすごく気に入っちゃって『問題解くのワクワクする！』って言うんで行かせてみたの。家のモットーは『無理はしない』だから受験のときも『そろそろ寝れば？』とかの声かけはしたよ。でも本人が切りがいいところまでやるって言うのよ。うん、結局最後まで本人の希望でスイミングも続けたし、アッ、リトルリーグ（サッカー）だけは試合と試験が重なるから秋から休部になっちゃったけどね。

で、結局（超トップ校ばかり）３つ受けたよ。（全勝だったから）まあ一番本人が行きたいってとこに行ってるわ。学校？　よく知らない。楽しく行ってるんじゃないの？　あんま聞かないからわからないわ。ごめんね、りんこ。こんなんじゃ何の参考にもならないね？」

ホーントまったく参考にならん。異次元、異世界、異空間じゃ！　ここまで来ると腹も立たない。

お受験勝ち組に共通する条件は〈母がお気楽ノータッチ〉ということなのである。

「じゃあ、あたしも今日からノータッチ！」って思ったあなた。甘すぎる。あなたにできるとお思いですか？

だって、あなた、この本、手にとって見てんじゃん？　ああ、哀しいかな、この時点で勝負はあった。くやしいけれど勝ち組とは人種が違う。子どものできも違うのさ。進学先の偏差値の高い低いには関係ない。唸るように数字が高くても「負け組」母はたくさんいるし、低くても「勝ち組」となる母もいる。

ではどういうタイプが負け組になるのかだが、統計上（？）母が口うるさいことが第一条件（たこ太の家なんか可哀想におやぢまでもが小うるさいときたもんだから、悲惨度係数は膨張しっぱなしだ）。「今日から私は何も言わないやさしいお母さん」と決意はしても、そんなんあっさり破られる。「よっしゃ、こらえた！」と我慢した分、あとで頭から煙が出るほど怒っちゃうんだから、負け組母こそ小出しで怒ったほうが親も子も互いに被害が少なくておよろしい。

しかも「言わなきゃわからない」では段々済まなくなり「言ってても言ってもわからない」我が子にどうしていいやら、負け組母はただ呆然と立ち尽くすのみ。「波止場で暗い海を見つめるひとりぼっちの女」という演歌絵がバーッと浮かんでこようというものだ。その点勝ち組母はいい。「たまには、お子ちゃまを怒ってみたいわ〜」って思っても、やることやってるし、きちんとしてるし、ああ、私は何を怒ればいいのかしらぁなんて、勝ち組母の周囲に流れる時間は実にゆったりとしている。

これじゃあ「負け組」母は負けっ放しの哀れな母と思われがちだが、大丈夫いいところはある。なんせ我が子のことが気になる（一説によると気にせざるを得ない）ゆえ感受性が豊かであり、ちょっと回りから何かを言われただけで凹んでしまうほどデリケートな神経も持ち合わせている。また、こういう母は基本的に腰がメチャクチャ低くできているので、とくに先生と名がつく人には米つきバッタと化して先生が口を開く前から「申し訳ございません！」と何を謝っているんだかもわからない段階からペコペコできる技を持つ。自分の身が「実るほどコウベを垂れる稲穂かな」というほどの謙虚が服着て歩いているような奥ゆかしい人物なのだ。

そして「負け組」最大の武器は「開き直り」と「やさしさ」である。

「もう、私はやるだけやって言うだけ言ったし、こんなもあんなもやってきた。このうえ、私に何をやれと言うのだろう？　私は一生懸命子育てもしてきたし、受験もがんばった。やらないのはアイツが悪いのであって、私のせいでは全然ない。そうだ、アイツは昔なら元服の年じゃないか！　12歳はもう大人だ！電車だって大人料金だ。そうだ、もう大人なんだから、私はジェンジェン面倒みなくていいんだもんね～♪　やめた、やめた、やめたぁ！」と叫んでも数秒後には「宿題持った？　お弁当持った？　定期は持った？」と機関銃のように言い放つやさしさは忍ぶれど忍ぶれど色に出でにけり（by平兼盛）なのである。

つまりなんだ、負け組母は文句なくいいヤツなのだ。その証拠に自称「負け組」母と話をする機会があったときの会話をご紹介しよう。

「な～んか帳尻が合わないって感じなのよねぇ……」

「何が？」

「なんか上手くいくヤツってなんもかんも上手くできてないか？　家も金持ち、ローンもない。子どもはどれとってもできがいい。ダンナにも不満はとくになく、暮らし全体が潤ってる」

「で？」

「子どもは教師からも仲間からも人望厚く、スポーツもお勉強もできて、英語コンテストなんてあろうもんならぶっちぎりで優勝でなーんの心配もないってヤツ。ねえ、りんこ？　人生って絶対最後には帳尻が合うようにできてるってなんかの本で読んだのよ」

「だから？」

「ってことはよ、ソイツらは今がいい分、あとあと苦労するってことじゃないの？」

「どんな？」

「う〜ん、結婚できないとか、してもグチャグチャ泥沼離婚とか……う〜」

「何？　思いつくのはそんだけなの？　でもその説をいただくなら今苦労しているあの子たちは最後は幸せになるのね？　きゃ〜、どんな幸せ？　教えて、教えて！」

「う〜、う〜、う〜……・長生き？」

負け組の人生の帳尻合わせが「長生き」なのか、でもそれはそれでいいかもと達観しているりんこなのである。

イカ頭巾ちゃん劇場

オレオレ詐欺の真実※実話です

1

（じいちゃん上京中・電話の音）
オサム母：あら、電話だわ。おじいちゃん、悪いんだけれど、出てくださる？
オサム祖父：もしもーし！

2

オサム君：あっ、じーちゃん。来てたの？　久しぶり、僕だよ、オサムだよ。
オサム祖父：なんじゃと！！？

3
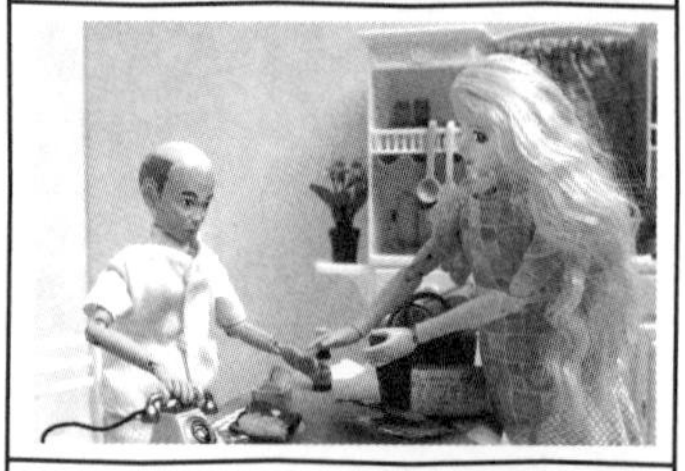

オサム祖父：さてはおぬし、近ごろ話題のナントカ詐欺ぢゃな！　この不届き者めが！！　そんな者、この家にはおらん！！！（ガチャン）
オサム母：おじいちゃん！！　今のオサムからじゃなかったの？　どうして切っちゃうのよ！

4

オサム祖父：うんにゃ、そう言うとったが……オサムはあんな声じゃない。あやうくだまされるとこじゃったわい。
オサム母：（声変わりして）今はあんな声なのよぉ！！

登場人物紹介

オサム母：中学受験はゴールではなかったとは。一人息子を首尾良く一貫校に入れて安心したのもつかの間、さらなる地獄に呆然と立ちつくす

オサム君：内進生のいる大学付属男子中学１年。ただいま、深海生活満喫中

第2章

桜咲く、3月

あの壮絶な合格発表から1ヶ月が過ぎ、子どもたちは今、小学校を卒業します。入学したころは、まだあんなに小さかったのに。本当にあっという間だったよね。本当に受験もよくがんばった。母も子育てから卒業です。もう勉強を見ることも心配することも少なくなるね（と思ったら大きな間違いの始まりなのだ）。

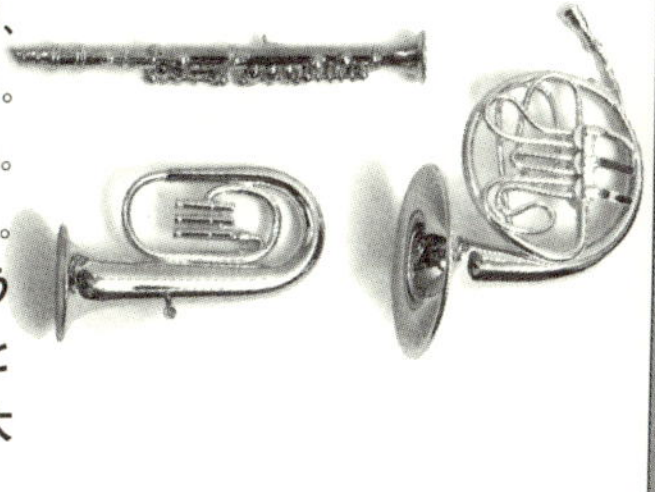

3
March

小学生の顔に戻るとき

学校からなかなか帰って来ないなあと思っていると玄関ドアがいきなり開く。「ただいま〜！」と声がした瞬間それは「行って来まーす」に変わり、今度はバターンとドアが閉まる音がする。玄関には放り投げたとみられるランドセル。外にはドップラー効果のように遠ざかっていく我が子の笑い声。

夕暮れにやっと帰って来たと思ったら夕飯のあとはずっとテレビを見て笑い転げている。かと思うと漫画を寝っころがりながら飽きもせず読みふけっている。オッ、立ち上がって自分の部屋に消えたと思えば、アンタそんなにコントローラーを指圧してたら腱鞘炎になっちゃうよってほどテレビゲームに夢中だ。

6年3月。今までの遅れや時間を一気に取り戻すかのごとく一心不乱に遊び呆けるお子ちゃまたちがいる。12歳までにこれだけの総分量は遊ばなければ、まともな大人にはなれないという掟でもあるかのように、もうそれはそれは堰《せき》を切ったように遊ぶ。

母は感慨深くそんな子どもたちを眺める。

「本当なら、普通の小学生なら、これが当たり前の生活なんだ……」

家庭学習の時間など1秒もなく、時を惜しむかのように目一杯遊ぶ。遊んで疲れ果てて眠っているなんて、なんて子どもらしい暮らしなんだろう。これが受験をしない小学生の極々普通の姿なのだと思うと、なんと我が子に過酷な道を辿らせたものかと改めて思い、胸がつまる。

思えば何年もの間、分刻みのスケジュールを我が子に強いた。

今日は6時間で委員会ありの日だから4時半に帰って来る。おやつを食べさせたら「今日の漢字」をやって急いで塾に行かせないと。エッ？　5時から「計算チェックテスト」ですって？　あらやだ。間に合わないわ。じゃあ校門で捕まえて塾まで車で行かないと。おやつは車のなかでいいとして、お弁当はそろそろ仕込まないと間に合わないわ。やだ、あんまし時間がないじゃない。

塾から帰ったら、お風呂に入れちゃって、今日はA中の過去問をどうしてもやらなくちゃ。ああ、でも公開の見直しもあるし、どちらを優先させるべきかしら……。なーんて暮らしを何年間もやってきたのだ。それこそ、生活のすべてを受験に集中してやってきたのである。それをいきなり「ハイ、今日から何も考えないアホになっていいですよ〜」って言われても、年だけはハンパなく食っている母は、そう簡単にスムースにギアは動かない。子どもみたいに急には切り替え不可能。花粉症の持病があろうものならなおさらボーッとしている弥生3月なのである。

思い返せば、娘は誰もいない部屋で1人で夕食というものを食べ、ひとりで鍵をかけて塾に行く。なんて不憫な。そう思っていたのに塾に行ってないって事件が発覚したこともあった。コンビニで、禁止されているはずの買い食いをしている事実も発覚した。深夜、灯りの消えた部屋の「ピコピコ」という音に見に行けば、蒲団の中でゲームボーイをやっている息子を発見する。どうせ目が悪くなるなら、勉強でなってみんかいッ！　って腹も立つ。何かの小さな事件が起こる度に「受験なんてやんなくていい！」と叫ぶ醜い自分がいた。

「Aちゃんみたいに頭が良くなくてごめんね。ママがAちゃんのママだったら良かったのにね。ごめんね、あたし、バカで」

と娘に謝られて号泣した母も複数知っている。

なんのために？　何を求めて？　子どもを置き去りにして私はどこに行くつもりなの？

こんなことを、もう何百回繰り返して来ただろう。叫ぶだけ叫び、罵倒するだけ罵倒して泣くだけ泣いた。そんな日々を繰り返しながら受験を迎えた、そんな母ばかりだ。

万々歳って結果ではなかったかもしれないが、とにもかくにも中学受験という目標を家族で掲げ、それに向かって完璧ではなかったにせよ日々努力してきた事実がここにある。

「悲惨な12歳」だったかもしれない。遊ぶべきときに遊ばせず、日焼けをすることもなく、受験土産は視力悪化の「メガネ」だけという笑えない話も多数ある。

スポーツやお稽古事なら、たとえ幼児から、まさにのめり込むという表現がぴったりくるほど母がかかりっきりになって子どもと二人三脚でやり続けようと、世間一般から非難されたという話は聞かない。不思議な思い込みであるが運動をするのは子どもにとって良いことで、バレエやピアノなどのお稽古事を極めることは「すごいね」とは言われても、「虐待」とか「可哀想」と言われることはまずないだろう。

しかし「中学受験」は結果として何かと言われがちなのだ。「習い事」＝「子どもが好きでやっている」それに対して「塾勉強」＝「子どもはイヤイヤやらされている」との思い込みの差かもしれない。しかし受験というプレッシャーに最後まで気力で立ち向かっていった子どもの心意気なしには「中学受験」はあり得ない。母だけがヤイノヤイノと攻め立てても、子どもに受験する気がなければそれまでなのだ。「勉強が心から好き」というお子ちゃまは少ない。どちらかと言えば「嫌い」なのだ。「嫌い」なのに毎日毎日の苦行に耐え抜き、最後までやり抜いた。たった12歳のどこにそんな力が隠されているのかと思うほどのあっぱれさではなかったか。

母たちはきっと心で思っている。結果がどうであれ「我が子を誇りに思っている」と。涙あり、笑いあり、その思いはひと言では語れない。きっとあなたは牛となり、これからの人生いろんな場面で受験時代を反芻《はんすう》する。そういう意味では中学受験は1回で何千回も美味しいのだ。

母よ、受験に関して良心の呵責を覚える必要は、多分ない。どんなに子どもが傷ついていようとも子どもの肌も気持ちも若いのだ。コラーゲンが毎日量産される子どもは心配いらない。そのうちイヤでも治るだろう。たとえどこでも、入ってしまえば楽しい中学生活が待っている。

その一方で中学受験という「竜宮城」へ行ってきた母たちは疲れ果てている。生も根も尽き果てている。おまけに、受験本番中に開けてしまうアッと驚く「玉手箱」のせいで、コラーゲンは自力では出て来ない。アッと言う間にお婆さんという乙姫土産。「中学受験」に負の財産があるとするならば、それはただひとつ。子どもが「小学生の顔」に戻っても、母は容易には「元の顔」には戻れないという、実感なのだ。

終わってみて、初めて知るこの事実。正直これはかなり恐ろしい。

3
March

たとえ笑顔になれなくても

まさに全時間、全エネルギーを費やしてきた戦いだったからこそ、抜け殻と化した体に押し寄せてくる行事は辛い。結果がそれなりに満足いく場合なら苦ではない。しかしそうでない場合、母の気持ちは「いっそ海の底の貝にでもなりたい」感じである。

自分の外出はおろか子どものみの行事ですら参加させるのをためらう母がいる。以前から予定していたキャンプにも行かせることができなくなる。子ども会ももちろんキャンセル。塾主催の祝賀会にも笑顔で送り出すことができない。

母はわかっている。そんなことをしたって受験の結果が変わるわけもなく、気持ちが前向きになるわけもない。逆に周り近所から非難ごうごうの嵐になる。こんな暗い顔では友だちだって近寄らないだろう。それより何より母がこんなに沈んでいては我が子は一体どうすればいいのだろう。わかっているのに体が、気持ちがついていかない。

決まっていた謝恩会のお手伝いをすべてキャンセルした母がいる。夕飯の買い物にすら行けない母がいる。家事が一切合切手につかなくなった母がいる。卒業式にさえ出ることができなくなってしまった母もいた。

心が自分の体から離れてしまった、残念だった母たちとたくさんたくさん話をした。

なんの力にもなれないから、ただ黙って聞いているだけだ。中学受験は義務教育課程であるがゆえまったくどこからもお呼びがかからないということはない。りんこからみれば「スゴイとこ」に進学できるのに、なんでそんなに落ち込むの？　というケースもかなりある。

しかし受験は自分自身の、その家庭ごとの方針、基準に沿うものなので、偏差値云々ということは一切関係なくなる。自分が満足できる、あるいは納得できる結果であれば他人がどう思おうとも受験結果が出揃うこころの開放感は形容しがたい。一方、そうでない場合のどんより感は何をもってしても拭えないのだ。

「りんこさん、私、本当に心がさもしい。親友だと思っている友だちの子の合格も祝うどころか落ちれば良かったのに！　って呪ってしまう自分がいるの。こんなに心が狭いなんて自分が本当に嫌になった…」

「母が認めてあげられないなんて、なんてあの子は可哀相なんだろう。ごめんね、こんなお母さんでって、わかってるの、わかってるんだよ。あの子に今さら嫌味を言っても傷つくのはあの子なのに…」

「子どもがトコトン落ち込んじゃって、それを見るともう可哀相で、なんでこんなにがんばった子にこんな思いをさせなくちゃならないの？　とか思うと泣けて泣けて、でも子どもがあたしに気を遣うんだよね。ごめんね、ママって。そんなこと言わなくていいんだよって言えば言うほど涙が溢れて…」

「私がいけないの。私が体調管理に気をつけてさえいれば保健室受験なんてこと、させなくて済んだのに！　体調万全でダメだったら悔いはないのに、これじゃがんばって来た子どもに申しわけなくて立ち直れなくて…」

「りんこ、娘がパパに言うんだって。『ママは大丈夫？　ママはちゃんとご飯食べてる？』って。自分が一番くやしくて辛いのに、そんなときにも私を心配してる。こんなやさしい子に育ってくれてありがとねって思うのに、娘を見ることができないの。どうしたらいい？　どうしたら『がんばったね。ママはホントにあなたを誇りに思ってるよ』って抱きしめてあげられるの？」

「りんこになんて私の気持ちはわからない！　絶対確実って言われてダメだった親の気持ちなんて絶対わかりっこないッ！」

泣き崩れる母を、強い言葉をひたすら吐き続ける母をどうにかする術は、どんな名医も持っていない。受験にあるのは、○か×かの結果だけだ。それはこれまでの経緯だとか母の思いだとかは一切入らない非情なものだ。トップアスリートが長い年月その瞬間のためだけに全エネルギーを費やし鍛錬を重ねてきたのに似ているのかもしれない。本当に残酷なまでに一瞬にしてその戦いにピリオドがうたれる。

2月中旬、凹んでいる母は多い。「はぁ～」ってため息をついている母がたくさんいる。結果をある程度自分の心の中に折り合いつけて納得する努力をしている過程でも小さなさざ波は絶えず押し寄せるのだ。この時期、対人恐怖症に陥る母のなんと多いことか。

「なんでそんなにライバル心むきだしなの？」

「なんでそんなに聞きたがるの？」

「なんで聞いてもいないのにヨソの子の結果までご丁寧に教えてくれるの？」

「○美ちゃんはあそこで△太君はあそこでね、ああお宅は意外な結果で残念ね」

ほっといて！　ほっといてよ！　つっかかってこないでよ！

とりわけひどいことを言われたわけじゃない。「ふ～ん」って聞き流せばいい話だ。でも小さなひと言がささくれみたいに妙に痛い。

「あなたの子どものほうが全然上です。認めます、ハイ降参です」

「そんなにカマかけなくたって言いたいことはわかってますって」

「ただもう、私はあなたみたいなフツフツと湧き出るエネルギーは持ってないの。やる気のない女がここにひとり転がってるだけだから、どうかお願い、ほっといて」

こんな風にやるせない気持ちをたくさんの母が涙色のメールにのせて教えてくれた。

りんごはやっぱり何も言えなくて、ただただ黙って画面をスクロールしている。

しかし、ここで断言しよう。神様は誰にでも平等に時間という贈り物をしてくれている。2月中旬、3月とメールであるいは電話であるいは直接、思いの丈をあれだけぶつけてきた母たちがひとり残らず初夏の風が吹くころにこうのたまうのだ。

「なんかさあ、やっぱり入った学校が一番合ってたって感じるんだよねぇ」

そんなときりんごは、あっそ、そりゃ良かったねって半分呆れ、半分ホッとする。あのとき、この世の終わりみたいに思っていた母たち。自分を責め、行き場のない思いに身動きできなかった母たち。別にそれはそれでいい。中学受験は誰しもが自分自身の様々な心の葛藤を順番に辿ってゴールする。ひとつひとつの葛藤を丁寧に真面目に受け続けて、やっと「これで良かったんだ」と本心から思える日がやってくる。

たとえ、今は笑顔になれなくても。そう思える日はきっとくる。そしてその日から、また新たな旅路のスタートなのだ。

3
March

桜舞い散る道で――卒業式

関東では桜が卒業式の花になりつつある。この時期、母たちの合言葉は「何着てく?」となる。まあオバサンが当日何着てようが、裸で出席でもしない限り誰も覚えちゃいないのであるが、当人にとっては晴れの日、悩むのも可愛い女心なのだ。

子どもがこの世に〝生〟を受けてから、順番に訪れる数々の式典というものがある。お宮参りだったり七五三だったり、まあたいていは金がたんまりとかかるようにできている。「もったいないな〜」とか「業者の思うつぼ」のように感じなくもないが、これら数々の子どもの成長の節目にある式次第は子どものためというよりも親へのご褒美的意味合いもまた強いのだ。

「がんばって育ててきたね、あなたがいつも一生懸命子育てしたから、ホレ、こんなに大きくなった」という母へのねぎらいを公にやってくれるのが、これら儀式の良いところ。「卒業式」とか「入学式」も同じである。母を「がんばったね、偉いぞ。その調子!」と認める日でもあるのだ。

こと小学校の卒業式は感慨深い。6年前、小学校に入学したときは「あいうえお」もおぼつかなかった。自ら文字を発明して自分なりの「あ」を書いていた子もたくさんいるだろう。思えば小学校に入学したころの子どもたちは天使のようだった。あのたこ太ですら末は博士か詩人かと錯覚させられた楽しい時期があったのだ。

このころ、たこ太は母に向かってこう言った。

「お母さん、ジュースってなんでできているか知ってる？」

「うん。りんごとかオレンジかな？」

「違うよ、ジュースって虹でできてるんだよ。ね、だからいろんな色があるでしょ？」

「虹でできたジュース」もう、いやん、この子、素敵すぎぃ！　と親馬鹿チャンリンである。

だが、その喜びの2ヵ月後、彼はこんなことを言った。ちょうどアトランタ五輪が開催されていたときで、テレビではしきりと「ニッポン」コールが流れていた。たこ太はテレビを見ながらこう言った。

「オラのところ（国）はニッポンだよね？」

「よく知ってるね、そうだよ。日本っていう国」

テレビの画面が見知らぬ国の国旗を大写しにした。

「じゃあ、この国は何ポン？」

大笑いしながらも、りんこは思った。コイツ、数の数え方が分かってない！　ここでりんこが、

「たこ太ちゃん、鉛筆はいっぽん、にほん、さんぼんって数える。語尾が変わってくるわね？　猫はいっぴき、にひき、さんびきよ。ちなみにUMAは一着、二着じゃないからね」

なーんて教養溢れる育て方をしておれば、もしかしたら今の苦労はなかったのかもしれない。しっかし、りんこのモットーは「明日できることは今日やるな！」。面倒なことはしないのだ。当然、「うまい、たこ太！　座布団1枚！」とわけわからんことを母は言い、結果として国旗を勉強する社会科のチャンスも数

字の数え方を学ぶ機会も取り上げてしまったのである。

しかしだ、自己弁護をさせてもらうとするならば「できるなら戻って育て直したい」と思う母は大勢いる、りんこだけではない。

たこ太がまだ3歳くらいのときだった。近所のオバちゃんがこう言った。

「ねえ？　リセットして、もう一度赤ちゃんからやり直したいって思わない？」

当時、りんこはあんな手がかかる物体（赤ん坊）にもう一度戻すの？　と仰天したが、親はその時々迷ったときに「もう一度あのときに戻ってやり直せたら」とできないことを願ってしまう欲深い者なのだ。

「ああ、あのとき、私がしっかり提出物は出すべきものであるとしつけていれば！」とか

「ああ、あのとき、私がしっかり『百』の中は『目』ではなく『白』であると確認さえしていたなら！」とか

「ああ、あのとき、字は人にも自分にも読めるようにしないといけないものだときちんと教えていたのなら、筆算の答を転記するときに自分の字が読めなくてバツになることもなかろうに」

と我が身を呪う母のなんと多きことか。しかし、なんだ。育児を減点法でやること自体が変なのだ。そんなことをやったら我が子は×だらけで点数がなくなるどころかマイナスになってしまうじゃないの？

子どもが学校の公衆電話から「給食の割烹着を出すのを忘れたから大至急洗って持ってきて！」なんてかけてきても「自己責任！」と放っておかずにギャーギャー言いながらも髪の毛振り乱して洗ってアイロンかけて自転車飛ばしてお届けしちゃって、先生に直角にお辞儀をして頭を上げた瞬間ノーメイクだったことに気がついたとしてもだ。子どもが他人様の迷惑を考えられるようになり、電話をかけてくるという

知恵がついたということを喜ぼう。そして何より必死だった自分を誉めようではないか。

小学校に入学してからひとりでできるようになったことはたくさんある。母が添い寝しなくともひとりで眠れるようになったかもしれない、おねしょをしなくなったのも小学校になってからかもしれない。いろんなことがひとりでできるようになった。受験を経験した子の中には既に母の頭脳レベルを超えてしまった子もいるかもしれない。

「これもダメ」「あれもできない」と嘆いていても、やれるようになったことのほうがはるかに多い。ましてや「受験」というプレッシャーに耐え抜いてきた我が子じゃないか。

「卒業式」

我が子が校長先生から証書を受け取り、ひと言、マイクの前で将来の抱負を述べるのを目にした瞬間、母の心は何とも言えない気持ちでいっぱいだ。

「大きくなったなあ」

4月になったら中学生だ。もう母と並んで歩いてくれることも少なくなるだろう。親なんていうのは、ただもうウザイだけの存在になる日も近いだろう。友だちとの交流が何よりも大切になっていく過程での、それぞれの悩みが出てくる年ごろだ。

悩んでいいから「体も心も、もっともっと大きくなれ」と母は全員祈っている。

正装をして少しだけ大人っぽく見える我が子の晴れの門出だ。がんばってきたあなたの門出の日でもある。「何着よう?」と散々悩んでお洒落して出かけよう。

見上げれば桜、大地に我が子。次の学び舎でもこの子にはきっと素敵な出会いが待っている。

3
March

お私立様の有難きご配慮

どこの学校の生徒のことかは敢えて伏せよう。
登場人物はたこ太君、栄《さかえ》ヒカル君、総一郎君。出身塾が同じで顔見知りであるが進学先はそれぞれ違う。同じ路線で通学するため、ときたま車内でばったりということがよくあるらしい。たこ太君は行事いっぱい中堅校、ヒカル君は自他共に認めるTOP校、総一郎君はヒカル君の学校に追いつけ追い越せの進学校の生徒である。それぞれに独特な校風があり、いずれも人気校である。
中1になったたこ太君とヒカル君がある日車内でばったり出会った。
たこ太君「おー！　久しぶり」
ヒカル君「おー！　元気か？　そっだ、オマエ大丈夫？」
たこ太君「何が？」
ヒカル君「オマエの学校、マラソン大会があんだって？（心から）大変だな」
たこ太君「そーなんだよ。今日も1500走らされた……」
ヒカル君「マジ？　1500も？（心から）オマエ偉いなあ。俺だったら死ぬわ。オマエ、がんばれよ！」

たこ太君「そーゆーオマエは大丈夫?」
ヒカル君「何が?」
たこ太君「オマエの学校って勉強大変なんだって? 毎晩どれくらいやってんの?」
ヒカル君「う〜ん、2時間くらいかな。それでも終わらないときがあるけど……」
たこ太君「エーー? 2時間も? (心から)大変だな〜。テキトーにちょちょっとできねーの?」
ヒカル君「う〜、あんまショボイの出すと目立つからできねーんだよなあ……」
たこ太君「ふーん。(心から)オマエ偉いなあ。そっだ、俺の学校、文化祭あんだけどオマエ来る?」
ヒカル君「何日? う〜ん……。(俺、勉強あるから)行けたらな……」
互いの健闘を称え合ってたこ太君ご帰還。母に本日の業務連絡。
たこ太君「ヒカルがそう言ってよー、祭りにも来れないって。アイツ可哀相だよなぁ……」
たこ太母(ため息と共に)「たこ太さぁ、心から同情してるアンタが一番可哀相なんですけどぉ……」
しばし経ち、今度はたこ太君、総一郎君に車内で遭遇。たこ太君帰宅後、母に本日の業務連絡。
たこ太君「お母さん、俺、今日総に会ったら、アイツの学校ハンパじゃねー。宿題のプリントとか見してもらったら、マジヤバイ! 俺、つくづくアイツの学校入らなくて良かった〜」
たこ太母「入らなくて良かったじゃなくて、入れないだろーがっ!」と突っ込むのも忘れ「ええ——? 今からこれじゃ6年後の差はすごいもんになるわ!」とうろたえた。
そんな折りもおり、ちょうどいい案配に学校に出かける用事があったので、ついでに先生に聞いてみた。
「先生? 息子の友人のお話では、彼の通う学校では宿題が山のように出ているそうなんですが、息子の話では、うちの学校は宿題は全然ないと言うので、できればこちらの学校でも宿題を出すようお願いできると少しは家でもお勉強をすると思うのですが、いかがでございましょう?」

とお願いした。すると先生、

「???　あの〜、宿題は毎日たっぷりお出ししておりますが……。そう言えばたこ太君の提出物が未だ出ておりません……」

知らぬはたこ太母ばかりなりというオチがつく。

調査の結果、私立の宿題は結構ある。ノート提出も豊富だし、レポート形式という類の宿題もたくさんある。何校かの実際に返却されてきたプリント類を見る機会があったが、単に○×だけではなくコメント入りのものも多くある。「要再提出!」「○月○日お昼休みに職員室へ」「おめでとう、指名補習!」とかいうものもあれば、逆に「素晴らしい!」とか「Very Good」「満点やったね!」というものまでいろいろだが、個別レッスンでもないのに、よく添削する時間があるよなーってほどの「この子を何とかしなければ!」という使命感のような情熱をプリントから感じた。

無論、学校によっても先生によっても様々で面倒見は決して誇れないというところも多々あるので「私立=面倒見がすんばらすぃ」という数式は成り立たない。ただ、こういう気合のこもった赤字のコメントを読むと親は文句なくうれしい。

例え行間から「テメー、いい加減にしろよっ!」という溢れる思いが伝わって来て親は恐縮至極で見るにしても、やっぱりこの学校で正解だなという確証を少しだけでも得られた気持ちがするからだ。

実は中学入学前に中学生を持つ先輩母たちから、りんこはかなり脅されていた。

「中高一貫に入れたから、やれやれとか思ってるでしょう？　もう後は何でもひとりでやってくれとか思ってない？」

ヘッ？　ばれてました？　どうしてわかっちゃうんでしょ。えっ、何？　そうじゃないの？　ってことは、もしかして？　え――？　もしかしなくても、そうなの？　え――？

「あのね、今までは塾の出す課題をやって、何のかの言いながらも、そのレールに乗ってれば良かったのよ。でもね、そういうブロイラーたちはね、4月から大変よ」

ブロイラー？　あのぉ、意味がはっきりとはわかりませんが……、ってゆーか、怖いからわかりたくありません！

「意味がわからないなら教えてあげよう、りんこちゃん。ブロイラーってのはね、ただもう与えられた餌だけをコッコッコとついばんで、卵の質とか大きさとかはとりあえずは黙認して卵を産めばＯＫっていうお仕事をしている鶏さんのことよ」

いやん。もう、それ以上は言わないでくり～！　怖いよー！

「い～や。現実を見なさい。ブロイラーだったのに、いきなり広いお庭に出てごらん？　どうなると思う？」

さあ……、迷子？

「迷子なら帰って来るからまだよろしい。問題は、どこに行っていいやらわからずにしゃがみこんでしまう場合やあまりの解放感にお庭の柵を飛び出しちゃうことよね。このいきなりの生活の変化に適応できずに何をやっていいのかがわからなくなる子が続出するの。

つまりね、そういうことを防ぐ目的で広いお庭の中で自由に運動しながらも餌を食べる時間とか飼育小屋に帰る時間とかを決めて逸脱しないようにしてるってわけよ。それが学校によってはお庭の中を隊列組んで移動させるようなところもあるし、結構自由に動きなさいって束縛しないところもあるってこと。立派な卵を産むために広い空間を動くことも必要だし、いい餌も与えないといけないってことよね。

それで、ありがたいことに入学前から課題を与えて、こういう飼育法だから慣れておいてねっていう学校も多いのよね」

実際おっしゃるとおりで、お入学前から少なくとも「アレとコレとソレ」はやってから入って来てねと言ってくださる学校も多い。よく聞くのは「アルファベット」のお勉強。多くの学校はお入学してからの「はじめまして英語」だが、なかにはABCくらい少なくとも読めて書けてから学校来てねという学校もある。ある学校の入学前の英語宿題帳を見たがアルファベットをなぞりながら綺麗に書けるようにする練習帳であった。

「すごい！　いきなり筆記体もやるのね〜」とりんこは感心したが、その母曰く、

「豊富にいる帰国子女軍団に歩調を合わせるべく英語の進みが猛スピードらしいという噂を聞いた。これって保育園のお慣らし保育と同じとみた！」

「どういうこと？」とりんこが聞く。

「保育園っていきなり入園しました。ハイ、長時間お預かり致しますってわけにはいかないのよ。徐々に園のペースに慣らすために、ちょっとずつ預ける時間を長くしていくことがあるのね。まあ園児のウォーミングアップみたいなもんよ。それと同じで、ハイ、いきなり英語週7時間です。ガンガンやりましょ

う！　だと、家の娘のように日本人歴が長過ぎる場合はね、学校も不安があるんだろうね。春休み中に少しでもついて来れるようにしておいてねっていう学校のメッセージのような気がする。なんかすごい不安なんですけど……」

何も入る前から勉強させんでも！　とも思うが学校によってはこういうカラクリが隠されているのかもしれない（もちろん、入学前の課題がまったくない学校もある）。

読書感想文を課題に出す学校もあるし「君はどうして我が校を選んだのか？」と問うてきた学校もある。その子は「僕はこの学校だったらお小遣い7千円、B中学なら3千円、C中学なら小遣いナシと親に言われたからです。我ながらがんばりました」と書いたため後日先生に「お小遣いは7千円ですか？」と聞かれ赤面したという母がいた。

まあ、そんな話もあるが小6の3月に別人28号になって遊び呆けられるよりも学習のリズムを忘れないためにも、こういう事前の宿題は大変およろしいとする母が圧倒的に多い。

やっと受験勉強から解放された子どもたちにはとんでもない話なのだが、ヒガナ1日テレビゲーム三昧で画面の前で銅像のように動かない我が子にイライラしている母には、これらお私立様の温かいご配慮は大歓迎なのだ。

3
March

戦い済んで日は暮れて、制服買ったら一文無し

進学中学が決定するとたいていは制服というものが必要となる。指定服がある学校に行く場合、これはっかりはどうにもこうにも購入しなけらばならない。制服上下、Yシャツ、上履きは必須。指定コート、指定靴、指定カバンなどがあろうものならスゴイ出費だ。そのうえ、体操服の長袖、半袖、体育館履きも買わなくてはならないとなると、どれかで節約できないものかと「体育はずっと見学でいっか?」などとチラリ良からぬ考えが脳を吹き抜けようともいうものだ。

ブラウスやYシャツの類はひとつでは済まないので洗い替えに何枚か用意するとなるとトータル両手でも万札が足らないという恐ろしい現実に遭遇する。

「なんですって? 正装以外に制服には多くのアイテムがありセーターやボタンダウンシャツの組み合わせにより豊富なバリエーションが楽しめます? うっそー!? 一個じゃ足りないわけぇ? うそー? その上に夏服? えー? 全然、違うデザインじゃないの!」

2000年以降、正装、日常服、合服、夏服、盛夏服にオプションアイテムと年ごろのお嬢さんのハートをしっかりとつかむために制服を一新している学校が多い。確かに可愛いので愛娘に着せたいという親心はわかる。しかし、これに「こちらが高等部の制服です」なんて説明されようものなら立ちくらみを起

こす。

「いい。明日は明日の風が吹く。高校制服はその時に考えればいいこと。夏服も夏に考えればって、エッ？　間に合わない？　やっぱり今、考えるべきものなんですね……」

かくて親の財布はスッカラカン。

ただひとつの救いがあるとすれば、制服購入の時期までは親の金銭感覚はインフレーション。受験料だ、入学金だ、施設費だと支払い続けているので思考能力などほとんどなくなり円がペソにもリラにも見え出すという病気にかかってしまうのだ。

苦行から解放されたという興奮だけが残っているので「ハイハイ」と気持ちよくカードにサインする姿は、もはやあっぱれとしか言いようがない。引き落としのころ、やっとマトモになった頭で請求明細を見てぶっ飛び窒息状態に陥る母が毎年出没するのでご用心なのである。

りんこは老舗デパートとのおつき合いがある。外商ならば嬉しいが「遠いなか電車賃を払ってまで自ら出向く制服売り場かな」である。息子の制服は老舗デパートでしか扱っていないからだ。3月はこの売り場は大賑わいであるがゆえベテラン店員さんの手腕も光る。

「えーっとボクの上履きは24・5でいいわね」

「へッ？　ブカブカですけど？」

「いーのよ。すっぐ大きくなっちゃうんだから1センチくらいは大きめのがいいの！」

「え～？　お言葉ですが、これじゃ脱げそうなんですけど。やっぱジャストの23半が……」

「そ～お？　お母さん、後悔するわよ。じゃ間とって24ね」

衣替えする前に後悔した。やっぱり老舗のプロは違うのだ。

制服は毎日着るものなので日割り計算すれば決して高いものではないのだが、一気に揃えなくてはならないことと、喜ばしいことではあるが成長期ゆえの買い替えの必要があるために、まだ新しいのに着られなくなって「もったいない」とか、使わないわりに「高い」という悪しきイメージがつきまとう。

あるお嬢様学校に娘を通わせている母は「校門を一歩出たらスルスルと丈が短くなる魔法のスカートよ。これなら、もう一着分、裁てるってものよね。始めから生地代半分にして売って欲しいわ」と笑う。

夏にセーラー服で麺類なんてすすってくれた日にゃ、服にシミつきまくり、泣きたい母続出で「麺類禁止令WITHチョコアイス」というお触書きを出したくなるそうだ。

質実剛健男子校母は「一日で新品ズボンが破けた。しかもカギ裂き……」と泣いた。男の子母で裁縫の腕に自信がない、もしくは自信のある親族、友人、知人が近場に存在しないという可哀想な境遇ならば新品でなくとも予備を用意しておいたほうが保険になる。

りんこは9月の登校初日、クリーニングの袋を破り、息子に制服を着せてみたことがある。

「へッ？　なんで入らんのじゃ？」

普通の親は我が子の成長をものすごく喜ぶものであるが、りんこは普通じゃないので、

「うそ？　なんで？　なんで入らないの？　お腹を凹ませて！」

と、わけわからんことを言っていた。

「うっそー？　7月は別におかしくなかったのにぃー！」

りんこは驚くべきケチなのだ。頭に「衣替えまで、あと1ヶ月なのに惜し過ぎだ！　これで丁度いいの

を買ったら、来年の夏用にまた買い直し？　え――!?」というフレーズが繰り返し浮かぶ。

「もったいない！」

よっしゃ！　この際、ベルトでごまかしてと。

「えー？？　ベルトも小さいの？　伸びないの、これ？　使えねー！」

ズボン丈もウエストも全然お変なのだが、こんなこと欠席の理由になるんかい？　結局、

「たこ太、大丈夫だ。誰も見てねー！　行って来い！」

と追い出した。もう焦り狂って上級生の母の家に片っ端から電話する。

「制服くれー!!」

母たちは済まなさそうに、

「家のとてもあげられないよ、初日でカギ裂きができたヤツでとても無理！　姉のなら上げようか？　これなら綺麗よ」

うっそー！　ちょーだい！　超お嬢様学校♪　でも、娘の頭脳じゃ全然無理！　って言ってる場合じゃない。カギ裂きでもいいよー！　と絶叫するもサイズが全然違った。

「もっと早く言いなさいよ。リサイクルに出しちゃったわ」とかで、すべてがNGになってもーた。ああ、残るは正々堂々と老舗デパートに行くしかない！

「すみません！　もう今日、欲しいんです！　明日から着たいんです！」

格式ある百貨店の店員さんだ。一歩も引かず、

「お客様、そうはおっしゃいましても通常2週間のお日にちを……」

「待てません！　もう、どんなんでもいいですから！　なんなら、よその学校のでも色が同じならかまいません！」

結局、すったもんだの末、最短日数の中3日でお仕事を請け負わせてしまった。

「あの〜、こんな親は前代未聞で？」

と小さくなってりんこが言う。ところが、さっすが伝統の重みか、まったく動じることもなく、

「いいえ、9月はとくにこういうお客様、多ございます。お坊ちゃまたちは夏にとくにお伸びになるんでございましょう」

わっはっは、そーだろ？　そーだろ。りんちゃんだけじゃなーい！　と途端に態度がデカクなって店を出たという経験をしている。

こんなりんこが先輩母として制服についてアドバイスができるとすれば以下3点である。

ひとつ、制服は長期休暇でも直ぐにクリーニングに出してはならない（理由は後の章に記そう）。

ひとつ、子どもは長期休暇中にデカクなる。

ひとつ、同じ学校の母たち（できれば我が子よりデカイヤツの母）と仲良くなろう、制服がもらえるかもしれない。

制服。母にとっていろんな思いがするものであるが、子どもにとっても思い入れがあるモノだ。その証拠に高校の文化祭に行ったんさい。おもろい。女子校には高校生とおぼしき男の子が3、4人、男子校には同じ年ごろらしき女の子がこちらは2、3人単位のグループで見学に来ている。そして彼らには共通点がある。そう、みんな制服を着用しているのだ。

あれ〜？　あの学校、土曜は学校休みじゃなかったっけ？　しかも土曜は私服通学ＯＫだったような気がするが、なぜ制服？　しかも何でこんな朝早くからここにいる？

休みの日までの制服着用はりんこの時代は葬式と結婚式と相場が決まっていたのだが、キョービの若者たちは学校の看板背負って他校にお邪魔するものらしい。まあ、そりゃそうだ。一目見りゃ身元もわかって自己紹介もスムーズというものだ。オバサンたちも制服着てくれてるとチェックのし甲斐もあるというものだ。

「きゃ〜、サレジアンだわ（サレジオ学院）」だの「開成？　開成？　え〜!?　カッコいいやん！　ずるい。頭いいうえに顔もいいのぉ？」だの「やっぱ品女（品川女学院）は可愛いねぇ。あたしが（その制服）着たいよ」だの「さすが人気の法政、指定バッグも必須アイテムなんだ」などなどの楽しい観察ができる。

話かけることもせず遠くでタムロしている子たちに心の中で「ホレ、何しに来たんだ。（お目当ての女の子のとこに）サッサと行けよ！」とハッパをかけるオバちゃんりんこなのである。かように制服というものは青春の思いを一身に受け止める大事なものであるようだ。

う〜ん、制服、悪くないのぉ。

イカ頭巾ちゃん劇場

一番偉い者

1

神父様：あなた方の中で一番低い者こそ、一番偉いのである（ルカ第９章48節）

2

神父様：一番先になろうと思うならば一番あとになり、皆に仕える者とならねばならない（マルコ第９章35節）

3

神父様：自らを低くする者が天国で一番偉いのだ（マタイ第18章４節）

4

キミジマ君：つまり、僕たちはとっても偉いってことなんだよ。

オサム君：そうなんだ……。

登場人物紹介

キミジマ君：オサム君の同級生。小学校からの内進組。超リッチらしい

第3章

4月、中学生になりました!

中学入学おめでとうございます。あこがれの制服に身を包み、みんな笑顔の入学式。重たい鞄に慣れない定期を持って、今日から電車通学の始まりです。母もまだ朝も明け切らぬうちから弁当作って、二度寝して。もうそれだけで何やらいろんなことが起こりそうな予感がします。ちょっとワクワクしませんか。

4
April

三世代の春

めでたき行事に「入学式」というものがある。

両親揃って入学式に出席するということは珍しくもなんともない普通のことであるが、最近の事情ではこれに双方のジジ・ババが参加するというケースも激増している。つまりお子ちゃまひとりに対し6人の保護者がつくということだ。ジジ・ババが座る椅子まで確保できるんかいなと心配になるが、伝統校あるいはトップ校ではよく見られる光景だ（座れなかったという話は聞かないので学校側も手馴れたものだ）。

母娘三代という話もよく聞くので、おばあさまからすれば孫娘が自身の学び舎に入学したという喜びは大きいのであろう。「りんちゃん、本当にあたくし感無量よ」って涙ぐんで話された友人のお母様は友人以上に孫の受験に燃えていた。こういう母娘三代で脈々と受け継がれる歴史というものを鑑みると、その思いの深さに「パッと出、受験」のりんこなんざ、恐れ多くて尻尾を丸め込んでしまうのだ。

都内有名校での入学式。子ども、両親、双方の祖父母で出席した家族があった。どちらの一族から見ても中学・高校と名がつくものはこの世でこの学校一校のみ。その一族で存命している男子の構成員誰に石を投げてもその学校にぶち当たるというほどである。6人の保護者揃い踏みでの入学式と相成った。

りんこは「おめでとう」の言葉で友の奮闘を称えた。やはり「一族もろとも」という圧力がかかる受験は子どもというよりも母に相当なプレッシャーなのだろう。合格したときは「嬉しい」とか「万歳」という気持ちよりも「やれやれ」と肩の荷がやっとおりたような感覚だったそうな。りんこが「両方のご両親に親孝行もできたし良かった、良かった」と言うと、彼女は疲れきった顔で「そうでもない」と答える。

「まあ、どっちの親（とくに母）も黙っていないタイプだからさ、こんなことになるんじゃないかなぁって薄々予感はしたけどね。入学式もひどかったわ。写真一つ撮るにも揉めるのよ。『この写真館で撮るべきだ』『いや、家の家系は代々ここだ』みたいなね。仕方ないから写真館を2軒もはしごしたのよ。バカみたいでしょ？　入学式の後にもお祝いの席を用意したんだけど『息子のときもここだったから』とか、お姑さんが言うのよね。和食屋さんなんだけど、家の子は和食よりも洋食のほうが断然好きなのよ。もうその日は息子に『おばあちゃま孝行だと思ってつき合いなさい』って言ってたの。

そしたら母が『せっかくのあなたのお祝いなのに当人が好きなものも食べられないなんてねぇ。何のための席なんだか。いいわ、今度おばあちゃんがあなたの好きなレストランに連れていくから今日は我慢してね』とか言い出して、もう火花バッシバシ。まあ、今に始まったことじゃないから慣れてるけれど、家は一人っ子なのに双方でこうやって奪い合うからホントに憂鬱になるわよ。あ〜あ、これから行事があるたびに頭痛いなあ。体育祭なんて絶対こうなるわよ。『家は代々この場所で観戦する慣わしがございますので』とかね。もう、どこでも好きに見てくれよって、きっとそうなる。ああ、いやだあ」

そうなんだ〜？　いや〜DNAに優れているとなんの悩みもなくてええのぉ〜と思ってひがんでおったりんこであったが、こんな思わぬ伏兵が隠れておったとは聞いてみないとわからないものだ。彼女が言う。

「でもね、りんこ。私、この孫の争奪戦には参るけど、ちょっといいかも？　とも思ってるの。きっとどちらも負けまいとして張り合っていくじゃない、そうしたらこの子の大学の入学式までは双方の両親とも元気でいてくれるんじゃないかなーって。孫の大学の入学式に出る！　って気持ちのハリで病気知らずだったらいいなあって思ってるの。やっぱり元気でいて欲しいじゃない？」

そう聞いてりんこ、グッドアイデアが閃く。

「じゃあさ、老人孝行だと思って中学で留年して高校で留年しておまけに3浪くらいするってのどお？5年延びるよ？」

「そんなことになったら、私が心労でどうにかなっちゃいます！　この権利はりんこに譲ってあげるから遠慮なく受け取りなさい」

「冗談でしょ？　すでに心労がたまってる、この体にこれ以上いらないって！」

そう言ってふたりで大笑いになった。冗談ともつきない、祖父母話ではあるが、別の友人はすでに介護が始まっている。

「やっと受験もひと段落してよ、やれやれ、やっと私の青春だって思ってたらおばあちゃんに倒れられちゃって……。りんこ、こう言っちゃなんだけど順番的にはじいちゃんが先で、後からばあちゃんじゃないと、もう大変よ！　じいちゃんなんて、どっこも悪くないのに何もできないときてるから、おばあちゃんの介護をしつつ、ピンピンしてるじいちゃんのお世話もしないといけないのよ！　私、もう決めたわ。息子だけは絶対、家事のできる男に仕立てるの。これからの男は金と力と家事能力よ！」

金と力だって身につけるのは容易でないのに、そのうえ、家事能力までいるとなると、今日、男でいるのもなかなか大変だ。

「家のダンナみたいに、ただ勉強さえできれば親は文句言わないという時代は終わったのよ。これからは、そういう世のニーズに応えるべく、男子校では主要科目同様に家庭科も農作業もガンガンに鍛えて一人前の男に作り上げてみせます！　って高らかに宣言する自給自足学校が流行ると思うわ。間違いないわね」

そうか、そういう学校ができたら男の子母はとりあえず息子を突っ込んでおくと便利かもしれない。

「倒れちゃったおばあちゃんはね、孫の中学の入学式に車椅子で根性で出席したのよ。どうしても出る！　って言うからね。そしたら息子が『おばあちゃん、俺が医者になったら治してやっから長生きしろ』って言っちゃってさ。もう、おばあちゃん号泣よ。『あの子が医者になるのを見るまでは死ねない』って。でも、この調子じゃ頭悪すぎて医者にはなれそうもないから、おばあちゃん、いつまで経っても死ねないわよね」

と友人が苦笑した。

私たち、ずっと変わってないような錯覚を起こしていたけれど確実に時は経って親世代のことを考える年代になっている。若いうちは自分のことだけに一生懸命で、それだけに必死にならざるを得なくて周りで支えてくれている人の存在なんて目にも入らなかったけれど、伴侶に巡り会って、家族というものができて、今度はその新しい家族を作り上げていくのに無我夢中になって、それでフッと気がつくと、ああ、自分たちの親であるこの人たちが存在して、なんのかんの言いながらも大事に育ててくれたから今の自分があって、この子がいるんだよなあってしみじみ思ったりするんだよね。それだけ年を取ったってこともあるけれど、やっぱり子どもも大事で親も大事でって思える年の取り方は悪くない。

そんな幸せを改めて感じさせてもくれる入学式。めでたきかなの春なのだ。

4
April

母の進化と子の進化

りんこは朝が弱い。中学生を抱えていると「今、何時?」そうね、だいたいね～、では済まされないのだ。くそー、この一分一秒が貴重だってときにまたしても布団と戯れてしまった。エッと、エッと、エッとまずはご飯をお弁当箱によそって冷ます、それからお湯を沸かし、その間に冷食をチンして、それから卵を割って、野菜がないな、パセリでいっか? その前に我が家の三年寝太郎を起こさねば。ヤツの朝ごはんは? あ～時間がない。もうパンだけでいっか。えー? Yシャツがないだとぉ? アイロン? もお、今日は皺しわで行って。母さん、僕の体操着どこ行ったんでしょうねぇ? って知るか、そんなもん。自分で探せ～!「おお、こんなとこにプリントがありました」って今ごろ出すか、普通? って期限過ぎてんじゃんよ、これ! ったくオメエというヤツは……。あー! 卵焼きが焦げた。今、何分? ぎゃー! ヤバイヤバイ。遅刻だ、遅刻。もう間に合わないから駅まで車ね。早く、早く! なんであっしがこんなに焦ってるのに、寝太郎は悠然としてるかねぇ? 少しは焦ろ! ゼーゼーゼー。なんで毎朝こうなるかね。アイツが行ったら、もうヘロヘロ。一日の労働が終わったかのような疲れがドッと押し寄せる。

朝は苦手だ。私はご隠居ではないのだ。日の出と共になんて起きられるわけがない。世の中学・高校はなんであぁも判を押したように8時台に始業時刻をもってくるかな。隣に住んでるわけじゃないんだからね、母の睡眠時間がなくなるっちゅーの。えー？　朝練だから早く行くって何よ、それ。聞いてないよ、6時学校集合なんて無理。電車走ってないっつーの。行かんでよろしい。母は寝る。

このようなグータラ母は段々と怠けぐせがエスカレートして、お弁当の代わりに毎朝「500円玉」を握らせたりして、こんなことじゃ破産してしまうと思いながらも今朝も起きられず、従ってお弁当なんて作る余裕もなくエンゲル係数は増加の一途をたどるのだ。グータラ母はこう思う。

「ああ、心から学食のある学校で良かったぁ」

4月5月に街中でダブダブの制服姿に出会うことがある。必死に駅に急いでいる姿は可愛らしい。とりわけ月曜の朝は微笑ましい。重そうなカバンにお弁当袋とおぼしきバッグ。体操服なのかなー？　と思われるサブバッグに、あらま今日はラケットまで抱えてるわ。テニス部に入ったのかしらんと思わず「がんばれ〜。無事に学校まで辿り着けよぉ！」と声援を送ってしまうのだ。

あるおやじが目の中に入れまくって育てたひとり娘が電車通学をしだした。おやじはもう心配で心配でたまらず出勤先とは違う路線であるにもかかわらず毎朝、自らの体を防波堤にして娘を守っていた。ひと月が経ちふた月が過ぎたころ、娘は電車の中で一言おやじに耳打ちしたらしい。

「お父さん、外では絶対話しかけて来ないで！」

可哀想なおやじ。しかしおやじの愛は深い。他人の振りをしながら娘を懸命に守る朝は続く。やがて娘は「友だちと待ち合わせて行くから」と同伴をはんなりと断。それでも心配なおやじ。違うドアに立って学校最寄り駅まで見届ける念の入れようだった。そのうち娘は「彼氏と行くから」と今度は毅然と断固たる態度で断ってきた。ああ、哀しきかな、おやじ。ここまで大切に育て、他人には指一本触れさせまいと懸命に努力してきたのに。おやじがんばれ。おやじには妻もいるじゃないか。女は娘だけじゃない。おやじはがんばった。彼氏の横にピッタリ張りつき三人登校の日々は続く。何と言われようとも娘の安全登校を死守する義務がおやじにはあるのだ。結果どうなったか。おやじは海外勤務を自ら志願し娘ごと連れ去った。おやじは今現在、毎朝毎夕のマイカーでの送り迎えを欠かさない。まったくもって模範的なおやじである。

かように電車通学には心配が尽きない。荷物が重くて持ちきれないのではないか、どこかに置き忘れてしまうのではないかと気が気じゃない。

トップ校に通っている女の子は体育館履きとグラウンドシューズが体育用に二足いるらしいのだが、わざわざ遠くの学校まで持って行ったと思ったら、二足とも持って帰って来る。母が聞く。

「なんで？　なんでこんな重たい靴を学校に置いてこないの？」

娘曰く「教科書とノートでロッカーはいっぱいだから入るスペースがない」

以来、これは彼女のペースとなり学校の往復に靴二足を持つかさばる通学を実行しているらしい。ある母は息子中1の初夏に先生に向かってこう訊ねた。

「あの通学鞄の中身はどうにかなりませんこと？　辞書まで入れさせられて岩のように重いんですのよ。もう、あたくし、あの子が可哀相で可哀相で。同じ辞書を学校に置き辞書としてよろしいでしょうか」

先生は冷静にこうおっしゃったという。

「早く大きくなってください」

その子は順調に大きくなったが、体だけではなく心もたくましくなったのだ。学年が上がるごとに鞄は明らかに軽くなり、フト覗くとそこにはシャープペンしか入っていなかった。

「消しゴムも入ってない！　ねえ、アンタは学生なの？」

とその母は怒り「なんで置き教科書するわけ？」と問い詰める。

息子答えて、

「持って帰って来ても開かねえし意味なくね？」

そんときゃホントにそうだと思ったけれど、今回のこれはひどすぎないか？　と母は憤る。

「試験前日だっていうのに教科書がないことに気がついて『あれ～？　ロッカーに入れっぱなしかぁ？ヤバイかも』っていう始末よ。もう自業自得だからね。学校からお呼び出しがあっても母は絶対行かないからねって念を押したわ。でも結局、あとで栄えある赤点組として親が呼ばれちゃったんだけどさ。あったま来たからお父さんに行かせたわ」

朝の寝太郎起こしに始まり、お弁当作りに運転手。学校生活に慣れるまでは親も子も大変だ。しっかし慣れたら慣れたで親も子も怠惰になっていくのだ。親は弁当作りを怠けだし、子は子で教科書すら持っては行かないという暮らしになる。

子どもたちにはこう助言しよう。母の機嫌を思うなら主要教科くらいは通学のお供に連れ歩いたほうが無難である。人類の歴史は「楽をしたい」ということで発展してきたのだ。まあ、それもこれも進化の極めて小さなパーツのひとつと思って、今日も寝坊した自分を慰める。寝不足はお肌に悪いし、マッ、いいじゃないか、そんくらい。

4
April

ダスキンとZ会における心理的葛藤に関する一考察

あなたダスキンとってますか？（※ダスキン＝レンタルモップ）

もしあなたが毎月のダスキンの返却日を記憶し、かつ前日までに計画的に家庭内清掃業務に従事し元のモップの色がもはや判別不能になるほど使い込み、次月分の現金と共にきちんと袋に入れて交換のときを粛々と待つという任務遂行を朝飯前でやり遂げることができるならば、私が許す。あなた、Z会を取りなさい（※Z会＝キング・オブ・通信添削）。

しかし真逆にもピンポーンの音にモニターを覗き込み「ヘッ？　ダスキンおばちゃん？　ヤベ、今日だったか。いいや居留守を使ってしまえ」とか「ごめんなさいね〜。まだ使えるから来月一緒に返すんでもいいかしら〜？」などと言い、気がつけば新品ばかり何枚もあったりして「おーほほほ、掃除のし甲斐があるわよねぇ」とうそぶき、果ては月契約と知りながら「使わなかったから来月はいらない」とダスキンさまの収集業務を妨害する暴挙に出るタイプであるならば、悪いことは言わない。Z会はあきらめなさい。

お受験がやっと終わったとのんびり洗濯をしている母にその「魔の手」は音もなく忍び寄る。「塾の恐るべき追撃」は始まっているのだ。

我が子に対し「あんまし頭はおよろしくないわなぁ」とか「性格はピカイチいいんだけど、どうもハングリー精神に欠けて受験に向かない」とか「やる気さえ出ればなあ。でもいつ出るんじゃい!?」「ひょっとして、ひょっとしなくても私は塾から見たらお客さん?」等々感じていらっしゃいながらも、持ち前の「やりかけたことは最後まで貫徹すべし!」の精神、別名「ここまで金払って途中でやめられるかいッ!」で受験道に足を踏み入れてしまった善良なる親御さんを業界が見逃すはずがないのである。

あまりにも美味しいターゲットと化したあなたは狙い撃ちの運命にある。

合格の喜びもまだ記憶に新しい、ときは3月。ダイレクトメールの嵐が訪れ、塾系新聞チラシは「こっちよ、こっち」と手招きし「家庭教師のドライですが」とかいう電話がぢゃんぢゃん。

「新中学一年生スタート講座・お宅のお子さん大丈夫ですか?」とのたまうのである。

ひょえ〜〜〜!? 大丈夫だと思いたいんですが、大丈夫じゃないんでしょうかぁ!?

でもでも、学校の先生は「学校の授業を真面目に聞いて課題をしっかり出せば大丈夫です。大学受験にも充分対応できます」っておっしゃっているじゃないのぉ〜。

ただでさえ私立に行って、ただじゃないのよ! この上、塾代なんか出るわけないでしょうが。

でもでもでも、もしかしてみんなが新しいスタートをすでに切っているとしたら、こんな伸び切ったゴムになって遊んでいる我が子はついていけるのかしら?

でもでもでもでも、まだ入学間もない段階でアレコレさせるのもどうなの? 通学するのだけでも時間かかってやっとだっていうのに、このうえ、塾なんてとっても無理。

そこであなたの研ぎ澄まされた脳裏に浮かぶ四文字熟語=通信添削。

そうよ、これよ! これっきゃないわ。通信添削ならお手のものよ。子どもチャレンジに始まって知の翼ときたら、やっぱ添削はZ会で決まりでしょ？　いや別に進研ゼミでもいいんだけど、これならちょちょちょい・ちょちょちょい・ちょちょちょいなって感じでいいんじゃな〜い!?

こーゆーときに限っては母はメチャクチャ実行力があったりするもんなので子どもの意向は一切無視。いや正確に言えば一応子どもに「Z会やらない？」ってなお伺いはたてるのだが、そんなん子どもが否定的な態度を示そうが断固拒否の姿勢を示そうが答えは最初から出ている話。子どもも長年に渡って「うん」と言わざるを得ないように調教されてるもんだから、アッという間に入会し、手元には早速最新号なる代物が到着したりするんだな。

ところがだ、ここらあたりから調教の鞭がまったくしならなくなる。お子ちゃまがまったく言うことを聞かなくなってくるのだ。今までだって素直に従ってくれたためしはないのだが、このころから「我が子には耳がない？」との疑いを持つ母が続出する。

以下は（不平不満を）言う口は持てど（母の声を）聞く耳はぴったりと閉じてしまうというお子を持つ可哀想な母たちの添削会話である。

母A「でね、家は1回出したっきりよ。それ以来、見向きもしないわ」

母B「家なんか出したって言っても白紙同然よ。出せば文句ねーだろ！　状態よ。可愛くない」

母C「いーじゃん、出すだけでも。家なんて同封の雑誌を眺めて終わりよ、終わり！」

母D「はん、勝ったね。家なんてね、封筒も開けないまま、送られてきたそのまんまの状態で保存されてるんですけど！　それが、もう6冊も積み上がって埃をかぶってるのよぉ……」

母ABC「えー!?（お金）もったいない。なんで（添削）止めないの？」

母Ｄ「だってぇ、封筒を開けもしないなんて思ってなかったから半年払いで払い込んじゃったのよぉ」

月々よりも、まとめて払いのほうが安いので、こういう罠には見事にはまる。母心をよく知った戦略である。もう、この添削は一度も陽の目を見ないまま闇に葬られるのねと思うと胸が痛い。どよ〜んとした空気が漂った（当然、ここで勝利を手にしたのは、みなさまの予想通り、りんこである）。

手ごろ感から通信添削をお考えのお母さん。子どもの性格をよく把握してから申し込もう。りんこはやっと悟った。添削だとかお塾だとかいうものは学校の学びだけでは物足らない、さらに魂を揺さぶられるような問いかけに出会いたいという自発的欲求に裏打ちされたスーパーキッズ用にあるものなのだ。「補習のお知らせ」やら点数がないに等しい「テスト」やらを母の目には触れないようにと日々努力しているお子たちにとっては関係のない世界である。知恵を絞っている場所が違う。

しかし母は添削に指紋さえつけようとしない我が子を決して怒ってはいけないのである。

何故なら、そういう子どもを育てた母はダスキンをためる。己のモップ一枚汚せないのだ、我が子が添削の解答用紙を汚さないのは至極当然のことではないか。我が子の頭の上のハエを追いたい気持ちはわかるが、まずは己のハエを追え！　なのだ。

人間は埃がたまっても「ああ、たまっているわ〜」と思いはすれど、起き上がるまでが至難の技だ。起き上がりドアを開けダスキンを取りに行って戻って、そこらにあるものをグググイと寄せて拭こうとしたら、あら寄せすぎて落っこっちゃったよ、クソー、余計な仕事が増えちまった、こんなんだったらやらなきゃよかったなんてことになろうものなら、ますますダスキンは新品のままである。もういいのだ。ダスキンは新品で子どもは添削なんてやらなくとも最低限の暮らしができればそれでいい。

4
April

未知との遭遇

私立ならではの特色のひとつとして特筆すべきは「寮生活」であろう。中学から入寮させるとなると12歳で親元から離すということで、こと母にとっては相当な覚悟が必要だ。金銭的負担もさることながら、誕生から今の今までお世話を焼きまくっていた相手が急に遠くへ巣立っていくのだ。一般的には巣立ちの時期を6年ほど前倒しにしているわけで、母が胸いっぱいになるのも無理はない。心にぽっかり穴が開いてしまった母が追いかけるように息子の近くに引っ越してしまったという話も聞いたし（逆単身赴任＝おやじのみが一人ぼっち）、子どもは意外と寮生活を楽しんでいたのに母が耐え切れずに自宅通学の学校に編入させたという話も聞いた。

ある学校の寮母さんの話によると中1部屋でのすすり泣きが春の宵の伝統的慣わしであるらしい。しかし負の話だけかというと、そんなことはない。ある母は息子が帰省するたびに息子の成長に驚き喜ぶ。母にとっても息子にとっても久しぶりの再会。お互いのやさしさ度200%、話もはずみ、息子と二人きりのデートも実行、嬉し楽し寂しで帰省は終了。息子は再び機上の人になるのだそうだ。エ〜？　高1の息子とデートォ？　普通は口も利《き》いてくれない年齢なんじゃないのぉ？

「久々に会うからだと思うんだけど、ホントにたくさん話をして今までのブランクを埋めるって感じよ。

毎日会ってるわけじゃないから、急に見ると体がまた大きくなったなぁって頼もしく感じたりしてね。向こうも懐かしいのかやさしくしてくれるわよ。ア～、いいよ、俺が皿洗うから、母さんはゆっくりしてなよとか言ってくれちゃってね、ああ、いい子に育ってくれたなあって思うわ」

入寮させたら、全員がこんな母子関係になるのかはサンプル数が少なくて検証していないのであるが、ちょっとソソラレル話ではある。寮は夜の学習時間も決められているし、余計な遊び道具もないし、自宅にいるよりは数段規則正しい生活になる。いつ見ても眠っているか遊び呆けているかのどちらかに片寄りやすい自宅生の母にとっては夢のような暮らしなのかもしれないのである。

りんこが寮生活の話で大笑いもし、また羨ましくも思ったことがある。ある男子寮ではどういう構造かはよくわからないのだが、上階の窓から下級生のチュー坊部屋に向かって雑誌の差し入れが届くのだそうだ。差し入れといっても窓からボンボン投げるのだ。それに向かってワラワラとチュー坊たちが我先に先輩たちからのプレゼントめがけ突進していく。どこから湧いてくるのかと思うほどのチュー坊が集まり、まるで猿山の餌づけさながらの争奪戦が繰り広げられるそうな。上級生もその光景を微笑ましく眺め「こんな雑誌で大喜びするなんて、まだまだ青くていいよなぁ」などと感想を言い合うのだそうだ。

また別の男子寮の話であるが、ある日ふたり部屋であるはずの狭い部屋に30人ほどの生徒が入り込みビデオ鑑賞と相成った。「見えねーよっ！」「頭下げろ！」などの怒号が飛び交い、ほどなく先生に御用になったという話もある。想像するだに「バカだよな～」とあきれながらも笑ってしまい、同時にその若さをまぶしく感じたりもする話だ。

寮生活を経験した人は今際《いまわ》の際に「アイツを枕元に呼んで欲しい」と家族に頼むのだという話を聞いた

ことがある。「同じ釜の飯」という情は厚いのだと思うと文句なく羨ましい。やはり「かわいい子には旅」をさせるべきなのかもしれない。友人に「あっしも寮に息子をぶち込んどけば良かったかも」と訴えたが、あえなく却下された（アッ、寮のとこには振られたんでした。ヤなこと思い出しちまったじゃないかっ！）。

「やっぱりぃ？　あっしってば子離れできてないから、寮近くにアパート借りるどころか、寮母さんとして潜り込みそうだよね。嫌われるだけだな、こりゃ」

と言うと友人は首を横に振りこう言った。

「うんにゃ。アンタはお子様のできがよろしいので有り難いお呼び出しが多そうだわ。ってことはよ、よく考えなさい。願いましては学費なぁり、寮費なぁり、食費なぁり、お子ちゃま往復の交通費なぁり、さまざまな諸経費なぁり、お呼び出しの度にかかる親の往復交通費なぁり、それに伴う宿泊費では？」

「ひぃ――――!!？？　は、入れません……」

「御名算！　りんこにしては良くできました。よかったね、近場の中学で！」

ありがとよ。ご親切に教えてくれて……。これによって、ほんのちょっと心動いたパブリックスクール・夢のイートン校はもろくも崩れ去ったのである（※イートン校＝英国の王子様の学校。全寮制）。

私立に子どもを突っ込むとその学校独自のカラーというものが色濃くあって驚かされることがある。学校法人とはいえ経営していることには違いないわけで、よって多くの人々から支持され安定した運営をするために努力は欠かせない。伝統という名の下に行われる行事もあれば、時代に沿う教育というものにも力を入れざるを得ないのだ。

朝の短い時間ひとつとっても学校によってまったくといっていいくらいの違いがある。清掃から始まる学園もあれば、ミニテストのお時間というところもあり、10分間読書タイムを掲げる学校もある。独自の呼吸法を含んだ体操で始まる学校もあれば、お針チクチクから一日を始める学校もある。般若心経を唱えるところあり、瞑想を義務づけている学校あり、神様に祈りを捧げる時間にしているところもまた多い。もちろん朝一からの義務なんてなーんもない学校もあるしで、それこそ十校十色だ。朝だけでもこんなに違うのだから学校生活全般についてまで語るとなるとものすごい差が出る。中1から第2外国語必須の学校もあれば、ボランティア活動に力を入れているところ、華道・茶道・礼法のような伝統文化を学ばせている学校、弦楽器授業必修のところ、野菜作りが正課であるところ、農業体験、酪農体験などをカリキュラムに組んでいる学校もある。これら例に掲げた学校はいわゆる普通科である。これに海外交流、コンピュータ教育などなどが組み合わさり学園生活が営まれるのだ。3年間あるいは6年間の毎日は大きい。もしこの学校に縁がなければ絶対に体験しないような出来事ばかりであろう。そういう意味においても縁あって入学した学校の独自カリキュラムに生で触れていられる月日は貴重である。

母にとってはPTA活動が盛んな学校、逆にPTAがない学校、学園がそもそもオバサン同士のおつき合い（母の交流会）を歓迎していないというところもあれば、先生が母の交流会にたとえ夜中だろうと積極的に参加するという学校もあり、これもまたそれぞれだ。活動が盛んであればそこでの新たなる出会いに感謝したいし、活動がなければ煩わしくなくてラッキーと思いたい。

母にとっても子にとっても初めて尽くしの学園ライフはカルチャーショックの連続かもしれないが、それもこれも良い経験。母も子どもも朱に交わればシュラシュシュシュ～とばかりに学園のことが好きになれれば、こんなに幸せなこともない。

4
April

本当のマダム

併設小学校がある私立中学の学校説明会に行くとたいていこんな質問が出る。

「外部生は入学後、内進のお子さんと仲良くやっていけるのでしょうか」

学校側の返事は決まっている。

「お母さん、そんなことご心配に及びません。内進生も中学での新しいお友だちとの出会いを楽しみにしているんですよ。中学受験で入られたお子さんは入学直後は緊張なさっているでしょうが、ひと月も経たないうちに誰が内進生で誰が外進生なのかなんてことはまったく気にもならなくなりますから、どうか安心して私どもにお任せください」

間違っても「内進生は内進生で固まっており、外進生の入る余地などありませんよぉ」なんてことは言われないのである。

実際のところどうなのだろうかと中学からの外進生をとる学校の母たち50人ほどに片っ端から聞いてみたが、概ねそのとおりのようだ。子どもたちはたいていはそんな細かなことをいちいち気にせず、気が合うか合わないかだけの感覚で仲良くなったりしているようだった。

まあわかりやすく言えば「どこの塾行ってたの？」に「S」とか「N」とか「Y」とか「Q」とかの出

身塾を答えるようなもので、それがどこ出身だろうが別に構わないわけで、一緒なら「同じだね」でおしまいの会話である。「外進」も「内進」も記号のひとつでしかない。

説明会で質問する母たちも多分そんなことはわかっている。しかし実際に知りたいのは実はその奥にあることなのではないだろうか。

「家、すっごい庶民なんですけど（つまりボンビーなんですがぁ）内進生がすっごいお金持ちだったりしたら家の子が引け目を感じてバカにされたりはしないでしょうかぁ？」だったり「この学校の平均年収は3千万という噂があるんですけど本当なんでしょうかぁ？」だったり「この学校ではたいていのお宅にお手伝いさんがいらして、当然、別荘がおありになってご招待を受けたのはいいけれど場所は西海岸（注／伊豆半島ではない）だったということがまことしやかに語られているのですが、事実なんでしょうかぁ」だったり「十和子マダムがたくさんいらして保護者会のあとのお茶会にはその内進生グループの『チーム十和子』だけしか参加資格がないということを耳にしたのですが、そうなんでしょうかぁ」だったり「お母様の3種の神器はフェラガモ、バーキン、ショパールと伺いましたが、ヒラキ、ユニクロ、カシオじゃダメですかぁ」だったりを聞きたいのだ。

※十和子＝君島十和子さんのように母になっても生活感がないほど美しく髪は縦ロール、ネイルもバッチリでそんなんじゃ皿は洗えねぇだろう？　アッ自ら洗う必要はないんでしたとシモジモは改めて気がつくというリッチマンなダンナを持つ高級住宅街にお住まいの「お金持ちオーラ」をあくまでナチュラルにかもし出しているマダムのこと（説明ながっ）。

先生方もそのへんの微妙なニュアンスは十分ご承知なのだとは思われるが「そうですね。我が校は寄付金を多く払ってくださる方が大好きです」だの「まあ年収は少ないより多い方が学校側としても（取りっぱぐれの心配がないから）歓迎です」なーんてことは天地無用が解かれようともお話にはならないだろう。

もしもあなたが場の空気を怖いくらい察知できるほどの研ぎ澄まされたピュアな神経の持ち主で、且つ皇族の系図に精通し、且つチラッと見ただけで「あらケリー32のボックスカーフ」（これを読んでボックスカーフなのかボックス・カーフなのか区切るところがわからなかった人はすでにこの条件には当てはまらない）などと頭の中でブランド解説ができてしまうほどのバッグ好きで、且つ私は十和子とは呼べないなあと思っている母は子どもの学校でほんの少しだけ心の中を風が通り抜ける瞬間があるかもしれない。でも、風が通り抜けるだけ、それだけにすぎない。

ではマダム十和子はどんな暮らしぶりなのかということを都内の高級とされるエリアでプール（注／ビニールではない）のある庭付き一戸建て、車庫3台、セコムしてますかあ？　してますよぉにお住まいのJ夫人（38歳）の場合を例にとってご紹介しよう。

ダンナ様からプロポーズのときに「何を買ってくれてもいい。何をしてもいい。好きなものを好きなだけ買って、好きなことを好きなだけしてくれ。ただ一生、僕のそばにいてくれるだけでいい」とか言われちゃってめでたく結婚。ハタから見てもたいそう優雅な暮らしぶり。当然のようにお洋服をお召しになったこじゃれたお犬様もいらっしゃり、お犬様のお伴でお外を歩かれるときも美白は命である。つばの広いお帽子に日焼け防止の手袋、何気にお犬様とお揃いの何かを身につけておられたりする。お揃いの何かと言っても当然、マダムが首輪をつけているわけがない。リード（↑引っ張る綱のこと）とお犬様お散歩バッグが高級ブランドのお揃いで統一感をかもし出しているとかそういうことである。高級バッグの中身が犬の糞なのかと思うとハンパない金持ちは何を考えているのか理解に苦しむが、まあマダム十和子はそういう瑣末なことには頓着しないのである。好きなものを好きなだけ買ってよいのだから、まあ当然といえば当然である。

りんこもこう言っちゃなんだが同じようなことはダンナから言われている。「誕生日だから何か欲しいって？　好きなの買やーいいじゃんか。いいよ。買って来いよ」いや、まったくもってありがたいお言葉なんだが、それじゃあお言葉に甘えて買って来ますと勇んで出かけて、散々悩んだあげくに買って来たのが鳩サブレだったりするから我ながら人間が小さい。おっと、そんなこた、どうでもよかった。ともかくJ夫人は忙しい。ジムにも行かないといけないし、エステサロンにも美容院にも行かなければならない。美食家なので料理もプロ級、食材から本格仕様である。趣味も多いので、今はフラメンコに凝ってらっしゃる。「ちょっとそこまで」のお出かけがスペインだったりするのだ。

街中で献血車を見かけたら乗り込んで牛乳を飲みたくなるという趣味もおありだとかで、そういうフットワークの良さが一層若々しさを引き立てているという下馬評である。

で、J家にお呼ばれした友人の娘さんは「Jのオバさん（J夫人）ではない知らないオバさんがワゴンでケーキとお茶を運んできた」と言ったらしい。もしかしてご家庭が複雑でいらっしゃるのかしらぁ？と昼ドラマのような期待感を持ったりするが、なーんだお手伝いさんか、チッってことである。

お子ちゃまはそういうギャップを感じて肩身が狭いのかというと、お子ちゃまにもよるかもしれないが、そんなこともない。りんこの近所の3LDKのごく普通の家にそこの息子の友人が4人でお泊まりに来た。ひとりはすっごい大金持ちのご令息様なのだそうだ。ご令息様はいつもは15畳はあろうかという自室でオネンネしているとのことだが、その日は子ども部屋4畳半、机、ベッド、テレビ有りの部屋に5人で団子のように寝たらしい。

ご令息様はその狭さがいたく気に入ったと見え以来チョクチョクお泊まりあそばされている。子どもにとっては門から玄関までの距離の単位がセンチメートルだろうがメートルだろうがそんなことより一緒にいることが楽しいかどうかだけがより重要な問題なのだ。

りんこなぞ想像力が豊か過ぎるもんだから十和子と聞いただけで「リッチ＋セレブマダム＝同じ星の住民ではない＝（自分には）関係ない」という公式がスラスラ浮かび、知り合う前から自分の前に壁をバンバン作ってしまうタイプだが、実際に出会った十和子マダムズは文句なく性格がいい。十和子の巣窟と噂される学園になんでか知らんが子どもが在籍しちゃったという友人は「社会的・経済的に恵まれているマダムは生活に追われるわけもなく現状になんの不満もないので人をうらやんだり妬んだりという負の要素がまったくない。心穏やかに過ごせる毎日は性格までをも素晴らしく良くして、また当然」と分析する。

おお、今日び心穏やかで慈愛に満ちている人物を探したければ聖職者か十和子かになるわけだ。この友人はまたこうも言う。

「経済力や家柄の違いに引け目を感じたってしょうがない。人は人。ないものはない。でも『子どもが同じ学校で健やかに育ってほしい』という思いはどの親も同じなのだから、その部分において共通認識を築けられればそれでいい。無理してブランドものを揃えたり、高級レストランランチにつき合ったりする必要はないし、つきなみだけど『金でつき合うな。心でつき合え』だよね。そういう意味なら母にとっても「内進・外進」っていうのも全然、意味がないんじゃないかな。実際、外進生だって金持ちマダムはいるだろうしね。やっぱり人とのつき合いはそういう経済的差を越える相性とかも大きいと思うしね」

続けて彼女はこう言った。

「仕事柄、私は社会的に恵まれているとは言えない人々と接触することも多いんだけど、その人たちってたいていいつも不満だらけなのね。人生の質であるクオリティ・オブ・ライフが著しく低いっていうの？　不満だらけの人生を何とか変えようとする努力を『しない』というより『できない』って言ったほうがいいのかな。努力する能力を築き上げてなかったり、親子代々『努力の文化』圏から遠かったんだよね、きっと。生い立ちを聞くとね、親に必要とされてなかったり、愛されて育った経験がないって人ばかりで気の毒になるくらいだよ。もしも親に愛され適切な教育を受けていれば、このおっさんたちも少しは楽しいと思える人生歩めたんじゃないかなあって切なく思うことがある」

人は哀しい。死ぬまで貪欲にあらゆるものに愛情を求め続ける生き物なのだ。十和子は十和子で自分は自分で子どもは子ども。出会えた人には感謝して、そのときできる限りの愛情を注ぎ、自身の人生の質を上げる生き方を目指す者こそが本当のマダムにふさわしい。

しかし、その道のなんと険しいことか。やはりマダムは遠くで思うものなのだ。

4 April

アン・アン・アン、イミテーションゴールド(カッコーの子育て)

疑問がある。なんで同じテキスト、同じ教室、同じカリキュラム、同じ教師であるにもかかわらず、こうも試験のできが違ってくるのは一体全体どないなっとんねん? 塾時代も何とかならんもんかい!? と思っていたが、中学に入っても相変わらず疑問は疑問として残ったままだ。

♪親が違う、血筋が違う、育ちが違う、頭がち・が・う・っ。ごめんね~、隣の人と~また比べているぅ~(原詞/阿木燿子/イミテーションゴールドBY倉木麻衣OR山口百恵)。

そう言ってしまえばしまいである。しっかし、なんかないのか? 「おお、なるほど! ここがこないなっとるから、こーなっとんのかいッ!」というよーな血沸き肉踊り、その肉はみ出るほどの感動的な答えが! ある日、受験に成功したのはいいけれど、どうもその後やる気のカケラもなくなってしまったという娘を持つ母に言われる。娘が難しい年ごろというせいもあるのか母と正面衝突を繰り返す日々なのだそうだ。

「ねえ、りんこ。托卵《たくらん》って知ってる? カッコーが自分の卵をほかの鳥の巣に産み落としてその鳥に育てさせるっていう話。なんかさ、この子にはたくさん才能があったはずなのに、母がこんなだったばっかりに、こんなになっちゃってと思うと、カッコーみたいにどこか完璧なお母さまにお預けして育ててもらったほうが良かったんじゃないかなーって思うのよ。少なくともあたしが側にいるよりも数倍この子は幸せかなーって」

いや、アンタは偉い。あっしなんかよ、逆は思っても（母はいつでも正しく子が悪いという完全無欠な理論）自分が育てるよりは、ほかの人のほうがなんて発想はまったくなかった。托卵ね。するってーと、ある日突然3拍子も4拍子も揃っている子が「母上、長らくお待たせいたしました。僕はこんなに立派になって母上の御許へ帰って参りました」とか言ってくれちゃうわけね？　おお、それいーかも!?

でもそれって氏より育ちってこと？　ＤＮＡがお子ちゃんのできに関係しているという説はたくさん聞いた。いわゆる「親族に東大出がいない限りアンタの子どもに東大は無理」説だ。しかしＤＮＡだけでもあるまい。どんな環境なら母の仕事は健康管理だけになれるのだ？

りんこはこの塾時代から感じていた長年の疑問に終止符をうつべく、さまざまな人々に聞いて回った。お塾で「漢字組」（全国トップクラスということ）の名を欲しいままにしていた超優秀なお子様の母君はこうおっしゃる。

「う～ん。家はそんな優秀な家系じゃないよ。特別なことは何もしてないし。でも、問題を解いているときに話しかけても聞こえないってことはよくあるかな。『ごめん。なんか言った？　俺、集中しちゃうと話しかけられても気がつかなくて』ってなことはよく言われるよ。小さいときはゲーム好きだったけど今は将棋一筋かな」

そっか、集中力ね。これは、たこ太にもある意味備わっているような……？　あのゲームをしているときの他人（母）を寄せつけない、見事なまでのコンセントレーション！

超優秀児の母は言う。

「そうよ、それよ！　お勉強に向くか、ゲームに向くかの違いでひとたびお勉強に向かおうものなら、たこ太だって爆裂じゃない!?」

エッ？　そーなんですかぁ？　集中力の問題なんですかぁ？　ってことは、天才的ゲーマー魂（この場合テクニックではなく、やり続ける根性を指す）をお勉強に向かわせればいいだけなんですね？　りんこは明るい未来に尻尾を振って喜ぶ。超優秀児の母は言う。

「そうよ！　そうよ！　たこ太も何か目的がはっきり定まれば、きっとすごいわよ！」

りんこは再び聞く。

「で、お勉強に向かわせるためにはどうすればいいんで？」

超優秀児の母は言葉に詰まってしまい言葉が出ない。

「ごめん。そこまで考えてなかったわ〜。家の子、勝手に勉強してるから」

ケッ、ダメじゃん。参考にならん。そっだ。あのゲーマーオタク息子の母に聞いちゃろ。

「ね、ね、ね？　自宅では本当にお勉強をしていないって言ってたよね？　でも（中堅進学校の）高校特進クラスにいるっていうのはなんでさ？」

「そうよぉ。ゲームは死ぬほど好きね、相変わらず。でもね、何でもやらせておくといいのかもよ？　高校になったら『なんかＲＰＧって数学に似てるんだよな。こうかな？　こうかな？　こっちでどうだ？みたいな感じで進めると、そのうち、あー！　やったじゃん！　ってことになってくるんだよ。俺、大学は数学科に行こうかな』って言ってたし。なんかゲームする時間ははずせないから授業は集中して聞くんだって。あとでやるからいいやってことにはしないらしいわ」

ホー、ホケキョ！　なんという素晴らしさ。そっか、集中力も大事だが自分を律する力が必要というわけか。

ってことは「ダイエットは明日からだ！　今、このビールを飲まずして何の人生たるか！」とか「マッ、皿洗わなくても死ぬわけじゃないからあーとで♪」とか思っているような母に育てられては、自分を律する気持ちには到底なれないのではないか？　ヤ、ヤバイかも……。この優秀児ふたりの母はとっても家事能力が高いご婦人である。そっか、だとすれば「家事能力」を高めればいいんだ？　りんこは再びリサーチを始める。努力？　の甲斐あってめでたくいくつかの共通点を得るに至ったのだ。

まず彼女たちは睡眠時間が短くても平気なのである。ボーッとなるとか頭痛がしてくるとかダルイということもなく、また「眠てー！」とかいう生理的欲求もあまり湧かないらしい。そして「マグロ族」に属していることが多い。マグロ族は止まると息絶えてしまうため、常にコマコマ動いている。その様子を観察するに「時間の使い方がうまい」に集約される。朝起きたらまず一番に何をするか聞いたところ、洗面も含めた身支度に次ぎ洗濯機のスイッチを押す、あるいは干す（まあ、ここまでは理解の範ちゅう）。この後、驚くべき回答が続出したのだ。「トイレ掃除」「玄関掃除」「窓拭き」。それって朝一からやるべきことなんかい!?　と突っ込みたくなるような内容。毎日の日課であるゆえ汚れもなく、それこそサササーと終わってしまう。このように完全に起きるように脳のウォーミングアップをしてからお弁当作り&朝食作りに着手するのだと言う。ともかく彼女たちは「出したら速攻でしまう」「出かける前&寝る前にはお片づけ」を実行し家はいつもきれいを貫いている人たちなのだ（凄いことにそうすることが全然苦ではない）。

買い物もアッと言う間にポンポンとカゴに入れて颯爽と帰って来るためムダがない。献立も考えてからの買い物であるため「今日はオバ仲間とのランチでお腹一杯だし私の夕飯は要らないくらいだよなあ。メンドクサイからおやじのはでき合いでいいか」なんてことは考えずに食卓にはいつも手作りメニューがバーッと並ぶのだ。それを子どもも「お母さんの料理が一番だね」なんて言っちゃってモリモリ平らげる。夕飯に「マックが食べたーい!」なんて口走るようなことはあり得ないのだ。そして短時間にこれら家事を終える彼女たちは自分のための余裕ある時間をいっぱい持って日々を過ごす。

このようにまめに身体を動かすことを神髄としている、これらマグロ族の奥様は文句なく賢い人たちなのである。そういう母に育てられれば、おのずと時間の使い方も学び、やるべきことは素早く済ませ、オンとオフをきっちりと使い分ける頭を持つことができるに相違ない。そう言えばこれまた優秀なお子さんを持つ友人に言われたことがある。

「りんこ。とっても偏差値がお高い学校ってあるでしょ? まあ、例外もあるけどね、そこにはたいてい学食はないのよ。ってことはどういうことかわかる? 母が早起きして弁当を毎日作り続けて6年間! ってことなのよ。学校が愛情手作り弁当を毎日作れるご家庭だけに入学を許すってことよ」

いや〜、それは逆も真なりってこともあんじゃないの? とりんこは反対意見を述べる。

「塾にカップうどんとお湯を持たせましたね? しかも、別添えスープを忘れたことがありましたね?」

入れていただけるのなら、あっしだって6年間作り続けると思うけど? 友人は笑いながらこう言った。

……すみません。そのとおりです。母の態度からして間違っておりました。

つまり彼女たちは母が母たる務めを完璧にこなすことがまったく苦にもならず、いわゆる主婦業というものに強い愛着と自尊心を持ち、かつそれら業務をカリスマ主婦のごとく楽しみに変える才能に溢れた素敵な女たちなのだ。ということはだ。こういうご家庭に育ったお子はかなり優秀であり、ほっといても自分でやっていけるというタイプであると結論づけられないだろうか。そーなのか！　簡単に言えば綺麗好きできちんとしているご家庭の子どもは優秀だってことだ。おーほほほ。ならば、きちんと我が身から律してみせようではないか。

3日経った。

「母さん、俺の靴下がないけど?」

「えー?　そこの洗濯山の中に入ってないぃ?　3合目付近捜してみ?　アッ、崩さないように慎重にね。雪崩に注意だからね」

山を崩さず目当てのモノだけを取り出す技、お見事なまでのテクニック、素晴らしい！　拍手したりんこはそこでハタと考えた。

たこ太、母はもうダメだ。頼む、これからは反面教師ということで、そこんとこ夜露死苦！

4 April

これってトリビアになりませんか？

中学校の先生は熱いか？

そんなもん知らん。リレーアドバイスという本の中に「私立の先生は熱い」とは書いたが、全国に学校の先生と呼ばれる人が何人いるかも知らんし、その人たち全員を横に並べて体温測定などできるわけがないからだ。個人的には横に並べて「いやん、筑駒の先生の体温は40度を突破しましたぁ」とか「やはり2位は桜蔭か？　おっと開成が迫ってきた！」などとトリビアのネタにでもなると楽しいとは思うが実現はまず不可能（チト寂しい）。ゆえに、推測するに中学の先生のタイプは3通りに分かれるような気がする。すなわち「熱い」「ふつう」「冷たい」……。

もちろん「私立」なら必ず熱くて「公立」なら絶対に冷たいという分け方にはならない。また、必ずしも熱ければ良いという問題でもない。ただりんこは自分の好みで、できれば「堅肌の熱き血潮」の先生だと嬉しいかなーというだけのことだ（除くマッチョ系）。

私立にもいろんな先生がおられる。古い話で恐縮だが、たこゆきの通った学校にはお耳がすでに遠くなった先生が教鞭をとっておられたそうな。その老先生が試験監督をなさるとクラス中が喜んだらしい。下を向いた状態で頭良男君が答を読み上げ、皆の衆は黙々とヒアリング作業をしていたという。さぞや平均点が高かったことだろう。しかし人気者であったその老先生のお話は今でもたこゆきと悪友たちの間で良き思い出として語られている。

りんこの通った大学付属の私立高校では英語の先生が突如授業中に号泣なさったことがあった。呆気にとられる生徒を前に先生は「離婚したくない！」と泣いていた。高校時代の英語の授業の内容など何一つ覚えていないのであるが、離婚という単語がdivorceだということだけは記憶した。何にしろ記憶に残る授業をしていただけるのならばそれがいい。

公立の先生の中にも飛び切り熱い情熱を持った先生もいらっしゃるだろうし、私立の中にもぬるいどころか冷め切っている先生もおられるであろう。しかし100名ほどの、我が子を私立に行かせている母に聞いてみると、今の私立はかなり熱い。面倒見が悪いことで有名なトップ校では、あんなに面倒見が悪いのに本当に「こりゃ、まずい！」というお子ちゃまへの面倒見はハンパじゃない。ご丁寧にも部活動は先生様の手によって無期休部。頻繁なる母へのお電話。「ご家庭と学校が一致団結してこの危機を乗り切ろう！」担任の先生がどっかの労組の書記長ばりに燃えていると聞く。

スーパーお嬢様学校で有名な友人の娘さんが行っている学校では先生が親子面談の席上こうおっしゃったと聞く。

「お母様はお嬢様に将来どのようになってもらいたいですか」

母が答えて、

「私も仕事をしているものですからそう思うのかもしれませんが、やはり自分に合った一生の仕事というものを見つけて、できれば世の人のために貢献していってもらいたいのです」

と言ったところ、スーパーお嬢様学校のその先生はこうおっしゃった。

「承知いたしました。私が命に代えましてもお嬢様をご養育申し上げましょう」

りんこはこの話を聞いて痛く感動したものである。その先生は神さまに仕えておられるので、このような表現でご自身の姿勢を示されたのだと想像するが、もうウソでもいいから学校の先生にこんなことを直接言われたのならば、その場で号泣しそうだ。

6年一貫の良さのひとつに先生方が揺れる思春期の時期にずっと一緒にいてくださるという安心感がある。〝小学生〟と言っても十分通用するような入学当時からドンドンと大人っぽさを増して行く時期を経て「ヘッ？　どこのおやじ？」ってなくらい老成する子もいる成人一歩手前までの、ほぼ毎日を共に過ごしてくださる日々はやはり親にとってはありがたい。

ある寮に子どもを預けている母に教えてもらった話である。学校との面談というのは、よほどできるお子さんの場合を除外して母にとってはあまり歓迎するものではない。学業を含めた子どもの様子を評価して伝えてくださる席であるが、評価というのはマイナス面のほうがクローズアップされやすいものなので、母は青息吐息になりがちだ。この母も入学当初からロクな話は聞かされなかったのだ。「ホームシックらしく涙の日々」「ダレソレ君とトラブルになって乱闘」「夜の学習時間に逃走」「学業不振」等々。面談の度に、ため息と共に出る言葉に「そっか〜。困ったね」と頷くだけの頼りない友りんこに朗報がもたらされた。先日の面談で先生がこんなことを言ってくれたらしい。

「お母さん。僕は息子さんをこの3年間、ずっと見てきました。最初はどうなることかとハラハラしましたけれど、僕の予想を見事に裏切ってくれて息子さんはすっごく成長したんです。息子さんは物事を公平に見ることのできる男です。そして我慢強い。他人に対する思いやりもすごくある。今や息子さんがいてくれることによって寮生活がスムーズに動いている場面も多いんです。僕は本当に嬉しくて、今日はお母さんにどうしても一言お伝えしたかった。後は学業不振問題だけですね」

最後の「学業問題」は母の耳には全く残らず、嬉し涙を流して面談は終了したらしい。

「ハナタレ小僧の時期を知っているからこそ、子どもが多少の反抗期を迎えようとも『本来の姿』はこうであるという信念に基づきドーンと構えて待てるんですよ」と語ってくださった先生もおられた。

自分以外にも子どもを見守ってくれている人がいるのだという事実が、母にとって初めて尽くしの子育てのなかでは心強い応援団になる。

公立と私立で違うな〜と思うことが多々ある。冷房があるとかないとかいう設備的なこともあるが、なんと言うのか地方の第三セクターで運営されているテーマパークと有名なネズミが住んでいる遊園地くらいの違いを感じることがある。100%かどうかまではわからない。ただ何校か見学させてもらった公立中学の説明会と私立のそれとの違いが言葉ひとつに象徴されることがある。

りんこが見学したいくつかの公立中学校では保護者に対して先生は同僚あるいは部下である教職員を指す言葉を「先生方」と総称し、先生方の行動を尊敬語で話されることが多かった。どうも自社の課長を「こちらが課長さんでございます」と言っているようで背中がかゆいような気持ちになる。

一方私立（男子校に多い）では「我々スタッフ」という言葉を使用することがある（女子校ならば「わたくしども」という表現が多いように思う）。「先生方」「先生」という表現がないわけではないのだが、主語を学校そのものにした場合に使う言葉の差だ。別に第三セクターが嫌いなわけではない。単にりんこがミッキーフリークなだけだ。ミッキーフリークはこの「スタッフ」とか「キャスト」という言葉に居心地の良さを感じるのだ。このテーマパークでは「スタッフ」（キャスト）はゲストが楽しめるよう補佐し、おもてなしをする存在であるが、教育界で使用するとゲストである子どもたちを大切に育て上げたいという自負のような強烈なプライドを感じることがある。単に言葉だけの問題ではあるのだが、その奥にある信念のようなものが言霊のように迫ってくることを何度も経験している。

りんこの息子の学園では春に年間授業計画説明会というものが保護者向けに開催される。壇上に学年担当の先生がズラッと並び「以上、総勢14名のスタッフ。全力でご子息をお預かりさせていただきます」というような説明がなされる。たかだか言葉だけの問題と言えばそれまでである。しかし何やら虎の子預金をして6年後に大きな利息で戻って来そうな雰囲気に浸れなくもない。

たこ太の学校の先生がおっしゃっていた言葉であるが、14歳から17歳くらいまで（中2から高2にかけて）はどの子にとっても「自己否定の時代」で大変難しい年ごろなのだそうだ。何をしていいのかわからない。なぜここにいるのかもわからない。自分の存在そのものがあやふやで未来はいつまでも霧の中。自身の存在価値も生まれてきたという意義も見出せぬまま自己嫌悪感でいっぱいになる時期だという。自分を愛せないのだから他人など愛すべき対象にはなり得ず、親を否定し、教師を否定し、社会を否定し、体制を否定する。しかし、この混沌こそが実は重要でここを通過してのみ自己肯定ができるのだとおっしゃった。

「ですから僕ら教師陣だけは彼らひとりひとりを肯定していると常に発信していこうと思っているんですよ」

都内のあるカトリックの女子校では中間テスト後に先生の指示によって両親宛てに手紙を書くという授業があったらしい。手紙を受け取った母は嬉しそうにこう言った。

「受験は決して万々歳な結果じゃなかったかもしれないけれど、この娘の本音の手紙を見たら本当にこの学校で良かったって心から思えた。なんか涙が出ちゃって……」

母が涙したのは娘の文字を見たせいでもあるが、入学後しばらく経って親宛に手紙をわざわざ書かせてそれを親に見せてくれた学園の配慮にぬくもりを感じたからではないだろうか。

「今こうして楽しい毎日を送れるのも両親のおかげです。受験ができたという環境は両親が毎日一生懸命働いてくれて健康に気を配ってくれていたからこそできたことで誰もが経験できることではないことも知っています。私は両親にありがとうと言いたいです。お父さん、お母さん、この学校に入れてくださり本当にありがとうございました」

私立だろうが公立だろうが入った学校にひとりひとりの居場所があることを願ってやまない。先生の力は大きい。どうか子どもが大好きでいて欲しい。それを検証するためにもやはり全国の先生と名のつく人を一列に並べて体温調査をしてみたい。

これってトリビアになりませんか？

4
April

尽きぬ女優魂

中学に入れたら入れたで心配の種は尽きない。親は我が子の行動が分かりにくくなる分先生様をはじめとする世間様には腰を低くしておかなければならないのだ。いつなんどきの〝お呼び出し〟という事態には何をおいても馳せ参じなければならない。ある寮に息子を突っ込んだ母はある日、学園名で到着した「請求書」に目まいを起こして倒れてしまった。摘要欄には「室内補修費用として」との記載がある。翌日、現金持参で母は車を飛ばし、飛行機を飛ばし学校に駆けつけた。罪状と判決はおおよそこのようなものであった。

「右の物、販売目的を主眼としたウサギの繁殖を自室で企てたものの繁殖に失敗したばかりか途中で飽きてしまい命あるものの養育を疎かにした罪は極めて重大である。狭い寮内の不衛生な状況で飼育すれば、どのような結果が訪れるのかという知恵も思慮も働かない行動は我が校の生徒として極めて遺憾である。よって本来ならば市中引きずりまわしの刑に処すところではあるが本学は度量が広いため特別に今回に限りウサギに食われた壁等の備品類の補修実費のみで許す。今後は当兎が寿命を全うするまで寮敷地内飼育小屋で愛情と責任をもって実行犯であるオマエとその仲間たちで飼育することを厳命し処分とする。なお、保釈金の代わりとして小動物に関するレポート提出を義務づける。ページ数は400字詰め原稿用紙50枚とする。共同執筆は認められない。以上」

「え〜？　なんで飼ってるのバレちゃったのぉ？」

　というりんこにその母は、

「ウサギって歯が伸びるのを防ぐために何でもかじるらしいわ。で、なんかのコードをカジって停電騒ぎになったらしいの。どうもお祭りの露店で『すぐ増えるから飼って売ればお金になるよ！』とそそのかされてツガイで飼ったらしいんだけどね……」

　親はいろんなことで呼ばれている。ある母は、

「聞いてよ！　原因がホントあほらしくて、もうなんて言っていいかわかんないよ。掃除のときにどっちが箒か塵取りかでもめたあげくに箒で家のが顔を拭かれたみたいになったらしくて、怒った家のバカ坊主が塵取りで仕返ししたら角が当たっちゃって流血事件になっちゃったわけ。一応、病院に行くので双方の親が呼ばれたってヤツよ。女の子の取り合いとかなら、まだわかるよ。アンタ、何が嬉しくて箒と塵取りを取っ組み合いして取り合わないといけないわけ？」

　まったく男の子はこれだから、もう。と思っていたら女の子も呼ばれることがあるそうな。

「本日お呼び申し上げましたのはお嬢様が家庭科の実技提出物を頑なにお出しにならないという一件でございます。お嬢様はお出しになる・ならないは自由だとお思いなのでしょうが評価点0というものがひとつでもございますと自動的に高等部への進学はなきものとさせていただいております。私（担任）が家庭科の先生には平にお詫び申し上げて今しばらくのご猶予をいただいて参りました。お嬢様をお預かりしております以上はご一緒に高等部への進学を目指すのが務めと思っております。このままの状態でよその高校に行くようなことになってもお嬢様のためにはならないのではないでしょうか」

ほかの女の子母も呼ばれている。

「わかりますよ。最近の流行りということも、お洒落したい年ごろということも。しかしですねお母様。制服は校則通りに着用するということが一番美しい姿なのですね。そのへんのところを今一度ご家庭でごゆっくりお嬢さんと膝を交えてお話になっていただけるといいですね」

ヒィ〜？　チュー坊生活の恐怖は成績だけではないのである。調査によると母たちはおおよそ次のような方法で危機を乗り越えている。呼ばれてしまったのなら仕方がない。呼ばれるようなことを我が子がしてしまったのだ。誰が悪いってアイツが悪い。我が子にだって言い分はいろいろあるかもしれないが、お呼び出しを受ける親は生きた心地がしないのだ。しかし母はこんなときだからこそ、面倒臭いとか、おバカのために頭を下げるなんて真っ平御免とか思わずに平身低頭謝って来るべきなのだ。ここが母の母たる腕の見せどころではないか。先生にお叱りを受けるときは我が子の前でメソメソ泣くだけではまだまだ弱い。我が子の膝に崩れ落ち号泣するくらいじゃないと意味がない。これは先生にお許しを請うための涙では断じてない。我が子のマナコに母のこのぶざまな姿を焼きつけておくための涙なのだ。母は号泣しながら横目でチラリと我が子を見つめ心の中でこう叫ぶのだ。

「よっく、見とけよ!!」

母の女優業はこのように果てもなく続くのである。なんとその道の長きことよ。

一方でこれら「ご迷惑おかけ隊」に属してしまうのではないかという予備軍母たちは心配と心労のあまりにこのようなことを考え打開策を模索する。すなわち「越後屋お主も悪よのぉ〜。カーカーカカ」攻撃。平たく言えば「先生様にお中元とか贈らなくてよろしいのかしらぁ？」である。りんごもこの類の相談はいろいろな学校の母たちから受けている。まあ乗りかかった船なので調べてみると「ご迷惑おかけ隊」の正会員の母たちはほぼ100%そんなことはしていない。理由は深くおおよそ三つに分かれる。

　ひとつは「もしお中元でも贈って、はずしたときの逆効果を思うととてもできない」説。

「あたくしがそのような物を受け取るような教師とお思いですか?」系の逆鱗に触れようものなら逆効果どころか追放処分が下ってしまうからだ。

　ふたつめは「贈ったはいいけれど、その後に予想されることが怖くてとてもできない」説。

「もし仮に贈ったとしましょう。そうしたらどうなります? 先生はこういう行動に出るでしょう。『そうだわ。お礼の電話をしておきましょう。丁度いい機会だから、ついでにアレもコレもお母様に言っておかなくては』とやさしさに満ち溢れた電話をくださるでしょう。『知らぬが仏』でいられたものを余計な振舞いをしてしまったがために、寝ている子を起こすようなことになったらどうするつもり?」

　みっつめは「最早そのレベルではない」説。

「基本的にこの種の人間が贈り物をお届けするということは『見返り期待し今日も親切』ということ。『どうにかしてやってください』と担任や学年主任に懇願しているも同然。しかし、数千円単位の金額でモハヤどうにかしてもらえるようなレベルではないという現実がドビャーッと目の前を覆っているのである。よって、そげな失礼はとてもできましぇーん」

　子どもたちは性懲りもなく次々といろんなことをしでかす。そのたびに親は「ドッピョーン!? なんですとぉー!?」と叫びながらも、徐々に免疫がついてきてちょっとやそっとのことでは動じないたくましい神経と強靭な肉体を手に入れるのである。太るわけだ。

4
April

すべての毛が揃うまで

思春期は臭い。エモイワレヌ臭いがする。

男が5人も揃うと狭い空間はアッと言う間に剣道部の部室と化す。何代も使い続けられた青春の汗が染みついた防具の臭いに似ている。あるいは先輩から代々受け継がれているという伝説のバッシュ（ある学校のバスケ部では引退時に「これをオマエに譲る。このバッシュを俺だと思って秋の大会はがんばってくれ！」という感動的な涙の贈呈式があるのだそうだ）から湧き上がる臭いのようでもある。

女も女でなんと表現していいやらわからん匂いがするらしいが、りんごは女に興味がないので臭い中枢を刺激されない。しかし女子校の母に言わせれば、女の子には種固有の染色体の匂いよりも強烈なものがあるそうだ。

「教室中に立ち込める各種デオドラントスプレーの交じり合った匂いを1回かいでみ？　更衣室ってモンがないから教室のなかにいろんな香りが混ざり合って強烈よ」

「女子校のかほり」これはこれで勘弁して欲しいような気もする。

臭いと言えばお弁当箱も臭い。食べた直後に綺麗に洗ってくる中学生なんているわけないが、お弁当箱を深夜に洗う身には梅雨時はいっそう辛い季節になる。しかしお弁当箱というものは非常にシバシバ出張に出かけるものらしい。何日も外泊されて手元に戻って来た日にゃ開けるのにも相当な勇気と覚悟を要する。ある母は数日間の出張勤務を終えて無事帰還したお弁当箱を見て失神した。何色もの色とりどりの別の生命体が増殖していたからだ。

当然、怒り狂って子どもに命令する。

「自分で洗いなさい！」

しかも子どもが台所で洗おうとしたので「洗面所！」と叫び方向転換させた。しばらくして「洗ったよ」と渡されたお弁当箱を食器洗機に突っ込み、母は洗面所に行ってみたそうな。流しボウルにはいろんな色のカビカビ。それはいい。問題はその横に無造作に置かれた歯ブラシ……。

「ああ、言わなかった私が悪い。私が悪いけど、なんで母の歯ブラシで弁当箱を洗うかなぁ？　しかも、これおろしたてなのに！」

それから靴も臭い。深夜の玄関では運動靴から湧き上がるかほりが勝つか、はたまた消臭スプレーの威力が勝るかの攻防戦が夜ごと繰り広げられている。

りんこは息子お入学の折に先輩母に聞いてみた。

「上履きはやっぱり毎週持って帰らないといけないのよね？」

小学校ではそういう習慣だったので当然どこに行ってもそういうものかと思って聞いたのだ。先輩母は笑いながらこう言った。

「そう言えば入学以来持って帰ってきたことがないわ」

「え〜!?　じゃあマー君は入学以来足のサイズが変わらないの　あんなにデカイのに？」

マー君母は事もなげにこう言った。

「そんなん、踏みつけて歩いてるんじゃないの？　知らないわよ、いちいちそんなこと。りんこ、過保護すぎ！　今さら、そんなん持って帰って来て『洗え！』とか言われても、あたしゃ絶対やだね！」

さらには水着も臭い。何日もほったらかしにされた水着もまた、たまらん芳香を発する。たこ太の学校は海水浴もさせてくださるので塩水着が持って帰ってもらえずに干からび、そのままプールで塩素消毒をされ、それが再び干からびという工程を繰り返す可哀想な海パン物語もよく聞く話だ。

海パンで思い出したがパンツ話もいろいろある。小さい子のお尻というのはなんと可愛らしいものであろうか。「桃みた〜い！」とプルプル肌をナデナデした母も多いのではないだろうか。そのお尻はパンツを穿かせても、また最高にキュートになるのだ。女の子にはちょうちんブルマーのようなホワホワパンツがよく似合うし、男の子は男の子でブリーフの布がたぷたぷしてたりすると後ろ姿はヒヨコそっくりになる。

だが、時は流れパンツよりもその中身が気になるお年ごろ。入学後の宿泊イベントも妙に気になる年ごろになったのだ。まあ好き好きだがアニメキャラ入りのブリーフは中学のお泊まり保育では避けたほうが無難かもしれない。このブリーフからトランクスへの切り替えのタイミングなども男の子母にとっては興味あるところでもある。ある母はブリーフが「ビジュアル的に苦手」ということで早い時期にトランクスにしたと言うし、ある母は「サッカー部だから締まりは大事」とかでブリーフ派である。ボクサーパンツがいち押しという母も多数いる。

ブリーフからトランクスへの切り替えタイミングはズバリ「自信がもてたとき」と言ったのは男児３人を育て上げた母である。たかがパンツ、されどパンツなのである。パンツ一枚とっても、まだまだ子どもだと思っていた我が子が華麗に大人への階段を駆け登る瞬間を目にすることになるのだ。

ある母が昔言ってくれた言葉がある。

「なんでもいいけど、すべての面で親があーだ、こーだ言えるのも毛が生え揃うまでだから。もう揃ってしまったら親の出る幕はないものよ。りんこ、今のうちに楽しんでおきなさいよ」。

本当におっしゃるとおりで、どんなタイプのパンツにしろ母の好みで購入できるという幸せは今だけなのだ。少しずつ少しずつ母の腕の中から離れていく我が子の「発毛完成記念日」などわかりようもないが、もし記念日がはっきりとわかるものであるならば、母は我が子がもはや自分の手を必要とすることはないのだという甘酸っぱい感傷とここまでやっと大きくしてきたという感動で胸を熱くする日になるだろう。

「エッ？　もう毛が生えたですって？　大変！　早く役場に届けないと。出生毛届けといって法律で義務づけられてるのよ」と小学生の息子を騙した母を知っているが、そんな悪戯も甘い思い出として母の記憶に残る子育ての楽しみのひとつなのだ。

我が子の体臭を感じたら、母は鼻を歪めながらも感慨にふけろう。

「ああ、大きくなったんだなー。もう手が届かない世界に飛び立とうとしてるんだなぁ」と。その際には深呼吸をお忘れなく。男でも女でも「そのかほり」はフェロモンであるという説を最近知った。フェロモンというものはしっかり嗅いでおくと若返るもんであるらしい。高校生にもなってしまうと和らいで効果が薄まってしまうらしいので、中学生のモノが一番脂の乗った旬のかほりなのだそうだ。

さあ、我が子の部屋に掃除機をかける前には思い切り深呼吸！　ただし医学的根拠はなんもないので、若返らなくとも当方は一切関知はしない。

4
April

旅する体操着、旅する息子

たこ太の学校は田舎にある（ただし地価はメチャクチャ高い！　さすが湘南一等地）。それゆえ、数々の悲劇が生徒の身に起こることがままある。

生徒の多数は学校の最寄り駅から上り電車に乗車する。ここから途中で降りて乗換えをしていくのが一般的であるのだが、これがくせ者になる。ある者は気がつくと千葉の果て「成田」だし、ある者は「籠原」（かごはら・埼玉県熊谷市）とかいう、何て読むの、これ？　ってとこに自分が存在している。ここはどこ？　私は誰？　の世界である。ＪＲは民営化されてから親切なのだ。湘南電車なのに、いつのまにか埼玉、千葉、驚くなかれ茨城にだって直通で行けるのだ！　なんという時代の進化であろうか。

ある友人母は息子から「今、成田空港にいる」と聞かされ、あきれ果てて「飛行機で帰って来なさい」と言ったというし、ある母は「何だかわかんないけど『ねつうみ』ってとこにいる」とすでに夜中と呼べる時刻に言われ「ねつうみ？？？　熱海だろーがッ！　温泉行く気かいっ！」と思わず怒鳴ったと言う。「オマエは死んでも電車のなかで座るな！」と言い聞かせる母は多い。かばうつもりはないが、朝練、１時間目体育、６時間目特別活動の水泳、夕方補習、その後部活が行われると、電車は寝床になってしまう。

たこ太は親切な友だちと一緒に帰ることが多いらしく（お互い起こし合う）、行っても横浜程度で戻って来るので、りんこは「学校帰りに旅に出る少年」の話を耳にするたび大笑いをしたものだった。

「だからぁ、アンタの息子には首から画板をぶら下げといて、そこに『○○駅で降ろしてください』って大きく書いておかなくちゃダメなのよ！　ダーハハハハ！」

しかし人様の不幸は決して笑うものではない。天罰がくだる。

たこ太の学校では毎年マラソン大会が開かれる。そのマラソン大会、ゼッケンをつけなければならない。たこ太も先生に言われたのかゼッケンをつけるべくマラソン大会前々日に体操服を持って学校を出た。しかし自宅に戻ってきたのは、教科書が入ったデイパック、お弁当箱、たこ太だけだった。

「電車に忘れちゃいました」と言う息子。

「え――――!?」

JRに電話して体操服捜索願いを出す。

「何時発に乗ったんですか？　それじゃ、内房に21時50分に着きますね。着いたら確認させますよ」

え――――？　今、まだ8時過ぎたばっかだよー？　東京駅辺りで拾っといてもらえないのー？　終点で確認するシステム？　え――――？　内房ってどこ？　千葉？　ああ、ディズニーランドの近くですかぁ？　そんな都会じゃない？　アクアライン、房総半島、君津って、そんなこと言われても。木更津キャッツアイ？　ああ、岡田准一君、櫻井翔君！　早く言ってよ、ガッテン承知とやっと場所を把握する。

内房の親切な駅員さんから電話が入る。

「ありましたよー。取りに来ますか？　無理？　着払いで送って欲しい？　じゃあ、最寄り駅で手続き踏んでくださいね。それが終わって連絡がこっちに入ってきたら送り返しますから、よろしく！」

え――――？　そんなメンドイ手続きがいるんかい！　なんで、こんなとこだけ国鉄なの!?　しっかし非は100％こっちにある。

とほほ。何が悲しくて大事な体操服が東京湾周遊の旅に出ないといけないんだ！　こんなこったら、息子が旅に出たほうがひとりで勝手に帰ってくるから手間がなくていい！　しかし時間がないのだ。早く取り返さないと、あさってのマラソン大会に間に合わない！

「あの〜、明日中にはこちらに戻って来ますでしょうか？」

「ヘッ？　絶対無理ですよ。明日、手続きでしょ？　そしたら、あさってこっちに連絡が来るとして、しあさってかなー？　急いでる？　でも最大早くてあさってですよ」

おーまいがーっ!!　間に合わないじゃん！　りんこ。フラフラになりながら例の老舗デパートの店員さんに電話する。

「はいはい、鳥居様！　その後いかがですか？　丈は合ってました？」

あ〜、いやだ。老舗百貨店の人ってプロだから客を忘れてない……。

「あの〜、体操服なんですけど、今日、欲しいんです。今から取りに行ってもいいですか？」

「鳥居様、ご子息の学校はですね、体操服に刺繍でネームが入るので、それに多少お時間をいただくことになっておりますので、今すぐという訳には……」

「アッ、ネームいらないです。そのままで結構ですから！」

老舗は違う。

「鳥居様、私ども、学校様よりネーム入りで販売せよとの命を受けておりますので、そういうお品はお売りすることはできかねます。しかしながら（いつものように）お急ぎということですので、よーございます！　夕方仕上げということでいかがでしょう？　必ず、やらさせていただきますので、しばしのご猶予をたまわりたい！」

あ〜、何でもいいです！　夕方ですね？　行きますから！　なんたって、明日、使うんですの。ありがたいですわ。よろしゅう頼みます。（いつもながら）無理申し上げてすみません！　ありがとう、制服売り場さん！　この際、小一万の出費など何でもないわい！（泣）

満員電車をかき分け老舗に突入する覚悟であったりんこ。夕方、駅まで急ぐ。そのとき携帯が鳴った。

「アッ、お母さん？　マラソン大会、雨そうだから延期にするって、それじゃ」

はい————!?　なんですとぉ————!?

翌々日、りんこの家の玄関には老舗デパートから送られてきた真新しい体操服（取りに行く力をなくして宅配に変えてもらった）の包みと房総半島まではるばる旅をしてきた体操服の袋が仲良く並んで置いてあった。たこ太ぁ！　オノレ覚えておれ〜。マラソン大会には2枚重ね着して出てもらうからね！

ああ？　これをここまで読んで、あなた、大笑いしましたね。今、確かに大笑いしましたね？　ああ、やってもーたか……。だから、さっき忠告したのに。「決して人様の不幸を笑ってはいけない」って。もう知らないよーだ。だって、この話を聞かせてあげた母たちは大笑いした数ヵ月後には怒り狂っていたのだ。

格言「体操服を笑うものは体操服に泣く」

とりあえず、子どもが今日も無事に帰って来たら喜ぼう。荷物の一個や二個なくなったってどってことない。宅配料金並びに買い直し代金はお小遣いからきっちり引かせていただきます！

4
April

哲学のススメ

日本人としてこの島国に生まれ育った者が世界や人間についての知恵や原理を、あるいは真理を探究する扉を開くのは中学生の時代である。なぜなら「英語教育」というものが本格的に始まるからだ。

たいていの中学生がこう呟く。

「あ〜、俺はなんで日本に生まれたんだ！」

「あ〜、なんで俺はアメリカで生まれなかったんだ？　別にアメリカでなくてもいい。イギリスでもオーストラリアでもフィリピンでも何でもいい。なんで、よりによって日本人？」

「いや、俺が悪かった。日本人で結構じゃないか。日本、最高！　でもだ、なんで日本語が世界の公用語じゃないんだ！　誰が英語を共通語と決めたんだ！　そんなの不公平じゃないか！」

「いや、今からでも遅くない。俺が日本語を世界の公用語にしてやる！　そうすれば英語なんてやんなくてもいいんだ！　今すぐ俺が——ッ!!」

このように「中学生の哲学」は夜が明けたら英語の試験当日という丑三つ時に行われることが多いのだ。そんな哲学してる暇があったら単語のひとつでも覚えろよ！　と、やはり中学生のときから哲学しっぱなしのりんこは、そうアドバイスする。

わかるよ、わかる。英語がローマ字どおりなら、まだ許してやるさ。しっかし敵の神経は尋常じゃない。ブス（BUS）と書いてバスと読ませるこの不思議。走るバスはやっぱりBASで風呂はBASU。お湯だけにUをつけてみました。なーんてな。それが正しい言葉の進化ってもんじゃないのか！　そう思うよ、思うさ。気持ちはわかる。

change はチェンジじゃなくて「チャン毛」って読みたくなるのが普通さ。普通だと思うのに英語の先生の厳しさったらないよね。「チャンゲ&飛鳥」なんてジョークを飛ばそうものなら評価点は限りなくゼロに近づく。

「コイツ変な名前！　この本おっかしいよ！　〝すしえ〟だってよー！」とバカ笑いをして喜んでいた超進学校のお坊ちゃまがおられる。「『すしえ』じゃなくて『Susie』だよ。コイツ、バカだし……。いつまでこんな調子なんだろうか……」と教えてくれた友人はりんこに限りない勇気を与えてくれているのだが、りんこは常日頃、この子の感性をとっても高く買っている。やっぱり日本の教科書に載せるのならば「寿司江」（やっぱ、えは江戸の江でしょー）か、百歩譲っても「筋子」（スジコ）じゃなくちゃ。教科書もこのくらい思い切った改正をしていただきたいくらいだ。

別の高偏差値校のお子ちゃまは母から単語カードを示され「読んでみて」と言われたらしい。彼はドギマギしながら小さな声で疑問文のようにこう読んだ。「サイド？」

母が烈火のごとく「Said」じゃ――ッ！　と叫んだのは言うまでもない。

You を「ヨウ」と読んだばかりにその日からニックネームが「ヨー！　チェケ　ラッチョー！」（「学校へ行こう！休み時間向上委員会」より）になってしまい、今ではラッチョンと呼ばれてクラスの人気者になっているお嬢さんを知っているが、このように人間いつナンドキ何が起こるかわからない。しかしな〜、目の前で「米、亀、米」(come,came,come)とか読まれると何て言っていいんだか……。

「愛、強盗、座、背ア、部位、ブス」。なんかの語呂合わせかと思ったら「I go to the sea by bus」って読んでたわけね。

先生はおっしゃる。

「さあ、教科書を暗記するほど音読しましょう!」

そんなこと言われたって「愛ちゃんは姿勢の悪いブスの泥棒です」っていう意味にしか思えなくなるような見事な発音。つまるところ　英語という魔物のトラップに見事に引っかかってしもーたわけである。

「オネ、ツヲォー、ツフリー……」(1、2、3)と念仏を唱えるお子ちゃまのなんと多いことか……。

りんこの友人。先生様の「音読こそ達人への近道」というお説を信じ、息子を座らせ音読させた。「屁、椅子、お布団らって、4しゅーる」と読まれ仰天した。「He is often late for school」。彼女が仰天したのは「屁」でも「椅子」でもない。often をお布団と読んだことへのショックである。初めて習う言語だ。音とつづりが違うことが多い言語だ。ローマ字と混同するのは、その単語を記憶するためにも最初は「ド日本人」にはやむを得ない。しかし発音ともローマ字とも違うという混乱ぶりが息子の「果てなき英語地獄」を容易に想像させてしまう。

「りんこ! もう終わったわ。お布団よ、お布団! あの子はもうどこにも(大学受験は文系だろうと理系だろうと英語は漏れなくついてくるから)受からない!」

あっしだって先輩母の忠告は大事にしている。「りんこ。英語はスタートが肝心よ。アッと言う間にわからなくなるわよ」だの「『書けない、読めない、しゃべれない』の三重苦よ！」とか言われ続けたのである。

ああ、読めないだけならまだしも「書けない」地獄もあるなんて。

友人のお子ちゃまは野球という競技もベースボールという単語もきちんと理解しているはずだった。しかしなぜなのか、単語テストになるとこう書いてしまうらしい。「出せボール」。

どうして baseball が daseball にチャン毛しちゃうの？

先輩母はなおも語り出す。

「バカ正直に耳だけで聞いてると単語の綴りが覚えられない。綴りに執着すると今度は読めないっていうスパイラルに突入していくのよ。日本語にない音認識ってのが理解できないから脳内破壊が起こって英語を見ると吐き気がしてくるっていう病気になるのよ！」

「英語があったまくるのはbって文字は単語の中では『ビー』ではなくて『ブ』になっちゃうんだよね。aは『エー』じゃなくて『ア』だしgは『グ』なのさ。だからbag はビーエージーじゃなくて「バッグ」って発音するでしょ？　だったらアルファベットのエービーシーなんて読み方要らないじゃん！　って文句のひとつも言いたくなるよね。ホレ、検索のYahoo!　だって『ヤホー！』ってご機嫌に読みたいのに実際には『ヤフー』じゃない？

k音を発音するときには実際には c音を使って k音を出したりするわけよ。cat とか club とか color とかよね。「かきくけこ」をKではなくCを使ってくる小技があるんだ。それに日本語にはない f と t h、b と v、r と l なんて来てごらんなさいよ。日本人に生まれたことを心底恨むわね」

ええ〜〜？？？　そげな恐ろしかこつ、家のたこ太ちゃんの身に降りかかるなんて！　日本語ができないのに、そのうえ英語もできないということの世の地獄が待ってるんかぃ？

そうだよ、そうだよ、ソースだよ。そんな意味不明な言葉が出るほど、一瞬にしてりんこの記憶もフィードバック。そうだよなあ。英語は学年が進むにつれて英語どころか日本語だって意味がわからなくなっていったよ、確かに。だってよ、過去完了進行形なんてとっさにわかる？　過去完了で1回終わってるのに進行しとるんかぃ？　ってな響き有り。未来完了進行形に至っては何言ってるかわっかりましぇーん状態ではないか。それにプラスして「この未来完了形を受動態に直せ」なんて言われたりしたあかつきにゃ、なんでわざわざわかりにくく主語をひっくり返すかなあと涙目になってたような記憶がある。できない者のひがみと言われたらそれまでだけど、これじゃ「オメ〜なんて一生英語をしゃべれないようにしてやる！」って呪いをかけられているような気がしてた。案の定、今では条件反射で外人さんを見ると走って逃げる習性がある。ああ、忌まわしき英語教育……。このままだと英語呪縛親子二代？　オーマイガー！

りんこ、震えながらお入学前には何がいいのかリサーチする。

「七田式英語トレーニングCD？」「メイト　小学英語」「フォニックススタート講座？」「一日10題小学英語」「プログレスCDリピーター？」「ジオス子ども英会話？」「タイニーテディコース」結果、ある程度の英語綴りのパターンが把握できて良かったという先輩母の体験談を信じて「フォニックス体験講座」に小6の3月に突っ込んでみた。今までの受験塾と同じ教室、同じ顔ぶれ。違っているのは「4月になったら中学生。6年遊んで暮らすのだ♪」という開放感に満ち満ちた精神状態だけ。

「楽しい」だけでアッと言う間に講座は修了。中学生になってしまった。

ああ、なんというこっちゃ。これだけいろんな人から「トラップがある」だの「落とし穴にはまる」だのの警告を受けてきたというのに……。英語では伝えたい大切な語を強く読んで強弱をつけて話すらしいが、これをストレスをおくと呼ぶのだそうだ。これだけが納得できる呼び方だ。もしもし、ストレスだらけで脳の肉体疲労児になってません?

中1でいきなり大学受験を想像できた我が友よ、アンタはまだ幸せさ。次は我が身となってしまったりんこ。追い出されるのではという恐怖で「高校受験」が身近に思えた。なんで中高一貫に入れて高校入試の心配をせんといかんのぢゃ!

英語なんて、英語なんて、この世から消えてなくなれ! と息子のために願ってしまう愚かな母一名。

今日も「哲学する日々」は続いていく。

4 April

魔法使いVS数学者ユークリッド

君のそばにこんな魔法使いはいないか。

その手に持たれたチョークは魔法のスティックのごとく睡魔を呼び込み、その声は呪文のごとく容赦なく力を奪う。誰もが平等に漏れなく体験する不思議魔術。生徒を寸分の余地なく数学嫌いにさせてしまうという「伝説の数学教師」だ。君はすでに敵の術中に堕ちていないか。この魔法使いは大昔から存在し続け今現在も姿、性別、年齢、あらゆるものを超越して教室という空間を浮遊する。

ある学校の話だ。その学年は4クラス編成で中2へと進級してきた。魔法使いはお婆さんに姿を変え「伝説の数学教師」として教室に現れた。今年度の魔法使いの受け持ちはさくら組の生徒50人ほどだけである。案の定さくら組のクラスメートの半分は3日で術にはまり、残り半分の生徒も上位三人を除きゴールデンウィーク明けには溺れ出した。魔法使いにとっては、こんな技は朝飯前なのだ。

「俺はもうダメだ。一番、二番、俺の分までがんばってくれ！」と三番が海底に沈む。

「悪い一番、俺も体中に毒が回ったらしい。もうお前だけだ。一番、頼んだぞ！」あろうことか二番までもが、もがきながら倒れてしまった。残るは学園が御入学当時から期待をかけて見つめている一番君だけである。しかし世は無情だ。中間テストで一番君が、最後の砦であったはずの一番君が「こんなことがあるなんて……」と言い残し海の藻屑と消えた。そして誰もいなくなった。母たちは真っ青になった。

秋も深まり定期考査が終了した。学園長は喜色満面の笑みを浮かべ魔法使いにこう言った。

「さすが『伝説の』という異名を取られるだけのことはありますなあ。あなたが教えておられる『さくら組』の定期考査の結果平均は実にいい！　ほかのクラスをダントツ引き離しておりますぞ。どうですか？次年度はさくら組だけとおっしゃらず、全クラス、先生が数学をご担当なさっては？」

魔法使いはニヤリと笑いながらこう言うのであった。

「お任せください」

さくら組の母たちは非常に聡明で賢いご婦人方である。夏休み前には極秘で秘密結社を立ち上げた。

「まずいわ。このままでは『さくら組』もろとも沈没船になってしまう。今ならまだ地底から引っ張り上げることも可能な水圧かもしれない。みな様、よろしくて？」

一番、二番、三番君の母が音頭をとり、夏にはほぼ全員が個別学習塾、あるいは家庭教師、あるいは補習塾へと散って行った。その努力が秋の定期考査に結果として現れたのだ。

ある日、秘密結社に情報がもたらされる。

「大変よ！　来年もあの魔法使いが担当になるらしいわ！」

どうしよう……。このまま、いつまでも個別や家庭教師に頼っているわけにもいかない。すでに家計は火の車なのだ。聡明なご婦人方は考えた。魔法使いは簡単にはこの学園からいなくはならない。ほかの学年に移動して欲しいところだが、今度はその学年が毒牙にかかるだろう。学園は好きだ。自分の子どもさえ良ければいいという問題ではない。秘密結社は長い沈黙の末ある決断をくだす。聡明で賢い母たちお揃い組で学長を囲んだ。後日非常に気分を良くした学長は次年度編成を発表する。

「え～、伝説の教師先生は今年度高校3年生を担当していただくことになりました。最終学年にふさわしい人材活用であります。高3諸君、君らの奮起と健闘を心から期待します」

高3の母たちからは何のクレームも出なかった。この学校のカリキュラムでは高3の授業日数は限られ、各々が自主的に予備校に行くダブルスクール体制が確立されていたからだ。魔法使いがどんなに呪文を唱えようとも生徒の耳には届かない。大変良い実績を残した高3生を見て学長は満足した。

「やはり伝説の教師のおかげか。今年も高3をお願いするか……」

このように魔法使いは意外と身近に存在している。りんご自身も魔法使いの罠にはまり逃げ切れなかった張本人である。そりゃこの年になったら一次関数がどうなろうが、円周率がいくつだろうがどうでもいいわけで、微積分って何だっけ？　アッ聞いてもわかんないし、もういいやとなっても日は昇り、また日は沈む。

中学生になると算数は「数学」というものに進化し、わからん、できない、おもろーないの3段活用になってしまいやすい。「幾何」に至っては「いくなにって何？」となり「バーカ！　キカって読むんだよっ」と言われる。するってーと「キカって何？」と聞き直す。それを説明するために偉い人から「ユークリッド幾何学のなかの5番目の公理『直線とその上にない1点が与えられるとその与えられた1点を通りその直線に平行な直線を正確に1本引くことができる』ってのがあるんだけど簡単に言えば一直線が二直線に交わるとき、もしその同じ側にある内角の……」なんてやられた日にゃ、なお一層よく眠れてしまう。

数学なんかやったって将来なんになんの？　平方根が実生活に必要ですか？　二次関数ができないと生きられないんですか？　と開き直る数学嫌いの気持ちは痛いほどわかる。社会に出ても役に立たないから嫌いなわけじゃなく単純にわかんないから嫌なのさ。

しかし学生である君たちには言おう。君たちはまだ間に合うかもしれないのだ。数学を筆頭とする理系科目に秀でている人たちは尊敬に値する人物である。なぜなら世の中を発展させてきた学問が数学であり、科学技術の根本が数学であるからだ。一見、文系のように思える企業経営、金融経済、リスクマネジメントとメーカー系でなくとも、ありとあらゆるビジネスに多かれ少なかれ数学の素養はついて回るのだ。

ある数学大好き理科系バリバリ女に言われたことがある。

「あんだって⁉ 数学なんかこの世からなくなれ！ なんていうヤツは文明生活を一切拒否しろ！ 電気なしガスなしで生活しろって言うの！」

実にそのとおりでただ単に文明の恩恵を一方的に受けているだけなのが、なんとも哀しい。「猿の惑星」のように人間が捕まって猿に知能検査されても、それが科学者なら「文明が極めて発達していた」と結論づけるだろうし、りんこなら「火の熾し方も知らない原人以下」となるだろう。

だから子どもよ。やはり勉強というものはわからないよりわかったほうが絶対に世の中が楽しくなるのだ。先に挙げたユークリッド幾何学のユークリッドさんは「もっと簡単なやり方ねーの？」と問うた王様にこう言ったと言われている。

「幾何学に王道なし」

やはり地道にコツコツやった者だけが報われるシステムなのである。魔法使いだなんだって言い訳をするだけしたら諦めてサッサと課題を終わらせたほうが早く遊べるというものだ。「これ食ってから」とか「風呂行ってくるわ」とか言ってんじゃねー！

4 April

進学校の不安　付属校の不安

あたくし、本来慎ましい女でございますのよ。それなのにいつからこんなになってしまったのでございましょうや。受験したときは、もう本当に掛け値なしに「受からせてくださりさえすれば」ってありとあらゆる神仏に失礼のないよう漏れなく平等に祈ったざますの。

「もうこの際ざます。どこでも結構ざます。引っかかりさえしていただけたならば、もうあたくしは何も申しません」と確かに祈ったざます。なのに、なのに、神様が総出で願いを叶えてくださったというのに、なんてことざましょう。その誓いをアッと言う間に破って、やっぱりこう思ってしまうざますの。

「せめて、せめて平均くらい行ってくれや〜〜〜〜」

あたくし、あまりの罪深さに神様に懺悔してきたところざます。あ〜、りんこさん、世の中広しと言えど、こんな強欲な女はあたくしくらいなものざますかしらねぇ……？

面白いことに男女を問わずチュー坊母はなーんの根拠もないのだが、ただ何となく我が子が「(学年の)平均には、いるだろう」と本当に何の根拠もなく、ただ何となく信じているのだ。なんとすれていないかわいい女たちではないか。そこには一番もいればビリもいるとか、自分の子どもはヤットコッサ拾ってもらったとか、ちょっと考えれば赤子でもわかるようなことがわからなくなっているのである。

この金持ちもいりゃ貧乏もいる、美人もいりゃブスもいる、秀才もいりゃ鈍才もいるという世の中の理がわからなくなってしまうのは、すべからく幸せな日本人であるがゆえ仕方がないことなのだ。

「家？　中流家庭ってとこかな」

家計が中流ならば己が子どもの頭の中身も中流であろうなんて簡単に信じている母たちは「オレオレ詐欺」には気をつけねばならない。「学費泥棒！」「勤労少年を見習え！」なんて言葉が我が身から発せられてきたら、段々と現実を理解してきたと反対に喜ばねばならないのである。進学校の母は言う。

「ああ、無理して入れるんじゃなかった！　先生から『毎日2時間のお勉強は当然のこと。不安が少しでも残る者はさらに追加で2時間すべし！』って言われているのよ。家なんて奇跡のミラクル君って塾で言われた『伝説の少年』なのよ。そのときは偏差値に舞い上がっちゃって、やっぱり受かったんだから、こっちにしーよぉ！　って浮かれてたの。でもさあ余力も何もいっぱい、いっぱいで受かっちゃったヤツにどうしろ!?　って言うのよね。責任持てないなら、最初から落としてください！　って言いたいくらいよ。そりゃご本人様は6年の1月だけは凄かったわよ。やっと本気になってくれたのねーって思ったものよ。でもよ、りんこ。この一ヶ月だけで一生分の勉強を燃焼しきっちゃったみたいよ。もうね、なんか学校は楽しいだけのところでお勉強をするところではないって思ってるみたい。ホントはこの学校は塾のトップクラス集団の集まりなんだから何もしないでいいわけないじゃん！」

付属校の母は言う。

「大学ついててえぇのぉ？　ってりんこ、アンタ本気で言ってんの？　ついてても行けるとは限んないのよ。エッ？　学部選べなくたっていいじゃん、現役ならって？　予備校代とかいらんでえぇのぉって、冗談でしょ。大学に行くまでの関門海峡の長いこと深いこと。普通にしてたら、みんなエスカレーター大学には行かせてあげますって説明会で教頭が言ってた？　普通ならね。

あのね、りんこ。アンタは甘い。自分の子が必ず普通だとは思っちゃダメ！　普通じゃない子もいるのよ。大体ね『よっぽどじゃない限りは進級できます』とか『たいていは付属高校に入学できます』なんてね、１００％保証してないでしょ？　その『よっぽど』なことが起きて『たいてい』から見事にはずれちゃったらどうするの？

大学ついてるんだから、お勉強なんてしなくてもＯＫなんでしょって？　もお、りんこはホントバカ。あのね、確かにお勉強しなくていい子はいるわ。下（小学校）から上がって来た妙に頭良すぎる子たちとか、ほっといてもＮの栄冠（上位クラス）だったとか、そんな子たちはお勉強しなくたってできるんだもん。彼らは遊んでたって成績はいいんだからね。家なんて遊んでないのに、なんで〜？　って思うわよ。もう、あたしなんてさ、大学のどうのなんて言いませんから。いや〜それ以上に平均は取ってもらわにゃ困る！　なんて決して申しませんから、せめて進級を〜、どうか義務教育期間だけでも留年はお目こぼしを〜なんて本気で祈っているんだからね。もう、自分の謙虚さに涙が出てくるよ……」

こちら、本当に血も涙もなく中学留年をさわやかに申し渡してくださる学校である。天は人を上にも下にもしないんじゃなかったでしたっけ？

もっとも子どもにも言い分はある。あれだけ中学受験で自分の意志のような意志ではないような勉強を強いられていたんだ！　そうだ、今考えればオレは洗脳されてたんだ！　洗脳が解かれるまではオレは何もしちゃいけない。ひたすら食って寝てゲームをして、時々部活。たまーに試合。そいでもって寝て食ってを繰り返さないといかん。とでも思ってるかのように、怠惰な猫のように気ままに暮らしているとしか思えないチュー坊（嬢）が実に多い。

ある進学校の高校生はこう言った。

「オバサン、母親がうるせーから、今度あの人（母親）にこう言ってくれねーか？『オレはワインだ！もし俺を高級にしたいのであれば、頼むから寝かせといてくれ！』って」

小さなころから知っている子だけにオバサンりんこは嬉しさのあまり、こう言った。

「わかった。ワインね。樽に入ってて今寝てるってことね？　高級なワインになるって自分で宣言したのね？　わかったわ、オバちゃん、ママに必ず伝えるからね！」

ママに伝えた。ママは鋭い目線でりんこを見返しこう言った。

「で、いつ起きるって？」

ごめん、聞き忘れた。今、聞いてくるよ。伝令よろしく彼の部屋を再び訪ねて、また戻って来た。

「わかったよ。部活引退するまでだって。良かったね、それから爆裂しそうじゃん！」

ママは眉間をピリピリさせながらこう言った。

「なんですとー!?　部活引退って高3の秋なんだよ！　それまで、しっかり寝てる気かい！」

う～む。味噌にしろワインにしろチーズにしろ、寝かせておけばホントに美味しくなるのであれば、待っててみるかホトトギス。それはそうかもしれないが、我が子の熟成が早いか、我が身の忍耐力の限界が早いかは実に微妙なところなのである。

4 April

預言「占い師になれ！」

預言であるぞよ、心して聞くがよい。子どもよ、勉強しないとやがて大変なことが起こるであろう。それは不惑の年、寅の刻、なんの前触れもなく突如として現れる。金縛りよりも怖く、こむら返りよりも痛く、汝、布団の中で脂汗を流しながらうめくのみ。いかなる化けものよりも恐ろしや。

汝は寒々とした教室におる。今まさに試験用紙が配られた。問題を見た途端、頭の中は真っ白けっけ。

「わからん！　ひとつもわからーん！」

画面は変わって、汝はギラギラと西日照りつける教室におる。今まさに順番が巡って来た。英語暗誦大会である。頭の中は真っ白け。

「覚えてない！　なーんも覚えてない！」

ウッと思って跳ね起きる。

「あ～、なんだ夢か。また恐ろしか夢ば見よっとたい」

と思う目覚めの悪さたるや、一日中気分が悪いったらありゃしないのだ。

子どもよ、「お勉強の呪い」を甘くみてもらっちゃ困るのだ。敵は辛抱強く復讐のときを静かに待っておる。何十年も経ってから、このような仕打ちをしてくるタフなヤツだ。地道にお勉強をしてきた大人や、きちんと提出物を出してきた大人や、毎日コツコツと宿題をしてきた大人は不惑の年に惑わされるような夢は見ない。

「お勉強しなさい！」と親ゴジラからの炎の熱風を受け自室に逃げ込んだものの気がつけば枝毛探しに夢中になったり、教科書上の歴史的人物を抽象画にしてしまったり、シャープペンダーツに興じたりして時間を費やしてきた者たちだけが見る権利を与えられるドリームである。

これは公立に行こうが、付属にぶち込まれようが、泣く子も黙る進学校に入ろうが、全国共通、もしかしたら世界共通に存在する悪夢なのだ。

ホレ、オメーだ！「やってるって。ちゃんとやってるよ」って言い続けているオメーだよ。「大丈夫だから信用してよ」って言ってるお嬢ちゃん、信用できないから言ってるの。

「出しゃ文句ねーんだろ？　出すって、きっちり出してやるよ」と言って出したためしがありましたっけ？　悪いことは言わない。呪いにかかりたくなければ、やるものやって、出すもの出さんかい！　と忠告しとこう。

友人が電話をしてきた。公立中学に息子を入れている母である。

「家のポン吉、将来は決まったわ」

「何？　突然」

「アイツの将来は占い師に決めたから」

この母、四六時中、息子の職業を決めては連絡してくる母なのだ。

「へッ？　こないだは寿司職人にさせるって言わなかった？」

「ダメよ、家にいるときはいつ見ても、ひたすら寝腐ってるようなヤツなのよ。腐った魚かどうかの見分けもつきません。その前に己が腐ってるっちゅーのや！」

ありゃま。今日はいつにも増して怒り心頭だこと。

「でも、ポン吉はパティシエになるんだ！　って自分でそう宣言したとも言ってたじゃん？　私はどっちかと言えばケーキ屋さんになっていただけると嬉しいかな〜」

「何がパティシエよ！　意味も知らないで言ってるに決まってるじゃない。モン・サン・クレール（※東京・自由が丘の有名ケーキ店）のケーキをひと口で食っちゃう男なのよ。しかもロールケーキよ！　何食わせたって同じよ。もったいない！」

「なりたいものがあるなら、横からギャーギャー言わないでやらせてあげれば？」

「だから、やらせてあげようと思って『占い師』に決定してあげたんじゃない」

「えー？　ポン吉がやりたいって言ったの？」

「そうじゃないけど、もうこれしかないのよ！」

話の大筋はこうである。

期末試験が始まった。神奈川県人。内申制度のある受験である。絶対評価とはいえ学校は極めて辛口と噂される学区である。2年の3学期、3年の1学期、そしてトドメの3年2学期。これですべての勝負がほぼ決まる。通知表が5なのか4なのか3なのかハタマタあひるか煙突かで運命の分かれ道が待っている。

ポン吉はたこ太の友人であるがゆえ類友だ。当然、提出物はできれば提出するものであってできなければ提出する必要はないものだ。だってできてねえんだもん！　しょーがねーべってとこである。そこで、母は情報網を駆使して芸術系レポート提出などは「昔取った杵柄」で絵筆を取ったりして真剣そのもの（余談であるが後日、その作品展に出かけたことがある。断定はできないが、母たちの手が加わっている匂いがプンプンしていて結構笑えた）。

母が手を貸すとは教育上「いかがなものか」とお叱りを受ける向きもあろうが、りんこも公立に息子を行かせていれば手を出している可能性は大なので何も言う資格はない。手を貸す母に、もしも注意点があるとするならば、少しだけ手を抜くということであろうか。「母作品」なのにドコゾノ展覧会で表彰されてしまって大慌てになってしまった知り合いがいるので、その辺だけは気をつけよう。

話を戻そう。ポン吉の定期試験前日がやってきた。母はせめて、せめて定期試験ではがんばってくれよと、根性を見せてくれよと気合を入れる。

「あれ〜。2階に上がって行かないけどいいのかなー。言うとやる気を失くすかな……。言いたい、でも言っちゃいけん」

母は葛藤で身悶える。

「ああ、やっと立ち上がった。うぉい！　お風呂？　お風呂なの？　長いよ、長いよ、長すぎる！　試験前日に何やってんだ！　そんな洗わなくても、どーせ臭いんだからいーじゃんよッ。ササッと上がれ！　おお、やっと2階に行ってくれるのかい？　うぉい！　冷蔵庫をゴソゴソやってんじゃない！　もう、母があとで夜食を持って行ってあげるから！」

母はとりあえずジュースを持って2階に上がる。

「おお！　教科書を開いている！」

感動して夜食作りに入ったのだ。しばし経ちお夜食持って2階に上がる。

「アン？　なんでさっきと同じページなの？」

まあ、いっかと思い下へ行く。

またまた、しばし時は過ぎ、空いたであろう丼を下げに2階に出向く母。空になった丼と2時間前と同じページの教科書と大イビキで眠っている息子を発見。叩き起こすもビクともしない。

「う〜、明日、朝やるから早くに起こして」

母は張り切って目覚ましをかけた午前4時。寝ぼけマナコの息子をどうにか椅子に座らせ階下に下りた。

おお、いかん。ウトウトしてたら、もう学校に出さなきゃいけない時間だわ。

2階に上がって仰天した。昨日と同じページの上によだれを垂らして寝ている息子。

「ああ。もう終わったわ……」

お願い、りんご、時を止めてってそんな無茶苦茶な。

「アイツはなんで同じページを見てたと思う？」

「さあ？」

「透視よ！　透視。あの子には透視能力があんのよ、きっと。じゃないと何時間も同じページを見てられないわ。もう教科書をめくりもせずに試験に臨むなんか、これ以外に考えられないでしょ？　ってことはよ。もう占い師以外、道はないじゃん？」

「占い師で透視なら水晶買わなきゃダメだよね。すっごく高そうだね、水晶玉って」

「水晶玉？　冗談ポイポイ。そんな高価なもの、必要ないです。カードが好きなんだからカード占いでもやれ！　って思うわ。好きな道でしょ？　カードいじれて」

「がるるるぅ」とポン吉母はアヒルの如く怒るけど、ポン吉は間違いなく120%中学生活を謳歌している。部活に委員会に塾にと忙しい身の上だ。

息子の中学受験に苦しんだりんこなんざ、公立は安いんだから、その分荒れていてくれにゃ困る！　とかひどいことを思ってしまうが（だって私立でもポン吉ちゃんと状況は大して変わらないしさ。ブッブッ）実際には荒れてもいなけりゃ、横暴な教師もいない、極めてノーマル。

たこ太の友人の公立組はみーんな学校は楽しいと言っている。それどころか、タマにすれ違ったりしたもんにゃ「おはようございます！」なんて極めて礼儀正しくご挨拶されちゃったりして、こっち（公立）でも別に良かったかぁ？　なんて思ってしまうこともある。

公立だろうと第5志望だろうと子どもは入ったところで楽しめる。初めからどこそこ学校に向いているというよりも、入った場所で通っているうちにそこのカラーにもまれていってそれなりに順応していくんだろうな。「ここでなきゃ！」なんて母が考えるほど世の中も子どもも見識が狭いわけでも順応性がないわけでもないし、逆にどこでもOKってくらいなほうが将来の可能性が広がるってもんじゃないのかな。

ただ、願わくば「お願い。やることはやってくれ〜！」母の願いは公立、私立、万国共通なのである。

4
April

反抗期が始まった〜あたし、こんな子産みましたっけ？

中学生にも朝は来る。いっつもいっつも性懲りもなく朝が来る。

しっかし、なんで、なんで中学生は朝も早よから機嫌が悪いのだ？　寝起きが悪くないとなんか法律で罰せられんのか？　えーい、目を覚ませ、目を！

朝はさわやかに「おはよう！」だろー？「おはよう！」って言われたら「おはよう！」と返すのが美しい日本人のあるべき態度じゃないんかい！　それが何なんだ。起こしてやったご恩も忘れて！　ご挨拶もマトモにできんヤツは、もう1回幼稚園に戻すぞ！　幼稚園に！

ムッと来る気持ちをだ、朝っぱらから「いかん、怒っちゃいかん。さわやかな朝が台無しになる！」とこらえてだ、懸命な笑顔つきで「卵は目玉焼き？　スクランブル？」って聞いてやってんのに返事もせんとは何ごとじゃい。

「どっちにするの？　目玉？　玉子焼き？　エッ？　何？　はっきり言いなさい」

「いらないって言ってるでしょー！」ってか？

言ってるって、アンタ、今初めて言ったんじゃん！　何万年も前から言い続けているような言い方すんじゃない！

あ〜、いつまでドライヤーぶいぶい鳴らしてるかなぁ。遅れるよ、もう。アンタの髪が一本曲がってようが立ってようが、だーれも見てないっつーの！　サッサと行かんかい！

「アッ、お弁当！　お弁当忘れてるよ！」

斜め目線でチラッと母を見て「今日はいらないって言ったでしょ」だとー？　だっから今初めて言う言葉を何万年も前から言ってるように言うんじゃないッ！　って背中越しの怒鳴り声に動じる気配もまるでなく玄関の扉がガチャーンと閉まる。

「ちょっとー！　あたしが5時に起きて作ったこのお弁当の立場は〜？」

と玄関に呆然とたたずむ母ひとり。おお、これこそがにっぽんの中学生を持つ母の正しい朝のあり方である。

女の子を例に挙げたが野郎の母はもっと悲惨だ。野郎は不思議なことに焦らない子が多い。出かける最終リミットまで、もう何分も残されていないというのに制服に着替えるということもせず泰然としているというのだから将来大物？　って勘違いしてしまう母も多い。知能犯になると、わざとグズグズして遅刻ギリギリ。男の子に甘いマンマにマンマと駅まで車で運んでもらう作戦に出るヤカラもいると聞くので油断はできない。野郎は大体、ただでさえ口数が母に対しては滅法少ないと来ているのに、時は目が開ききっていない早朝だ。図体のデカイぬいぐるみがそこらにボーッと座っているだけである。母が何をぎゃーぎゃー叫ぼうが、遠くで聞こえる風の音くらいにしか思っちゃいないのであろう。何の反応も期待できないのである。反応が唯一期待できるのは次の場面だけである。女の子でも男の子でも「オッ、機嫌よくなんかしゃべるじゃん？」と思って耳を澄ましてみよう。ほぼ間違いなく、その唇は「か・ね・を・く・れ」

と動くはずだ。

中学生を持っていると母の睡眠時間は削られていく。朝練だの電車が混むだのの理由でお子ちゃま自身が朝早い時間にお出かけになるからだ。お弁当を作る身としてはたまったもんではない。人間、年食ってくると「じゃあ、今から30分だけ寝ましょう」なんてことが段々できなくなる。二度寝もできない寝つきのわる～い体に段々となってくるのである。勢い睡眠時間が足りなくなる。慢性的な寝不足はお肌に悪いが、思考力低下、頭痛、イライラをも併発し、気がつけば更年期という扉をガンガン押しているという結果を招く。

ただでさえベストコンディションとは言えない我が身に針を突き立てるかのような可愛くない我が子の態度。アンタ、一体どこの星から来たの？　アタシの（あの可愛かった）子じゃないわ！

反抗期のヤツらにはある共通点がある。ボキャ貧であるがため全国的に何種類かの言葉でしか親とは会話しない。我が国の国語教育は一体全体どげんなっとんじゃい！　と思うほどの少ない語彙で会話を成り立たせようとするのだ。一番多いのが「別に」。何を聞いても「別に」。

「今日、なんか学校であった？」

「別に～」

「宿題あんの？」

「別に～」

「プリントは？」

「別に～」

別になんだっちゅーんじゃい！　ったく腹立たしい。

次に多いのが「ふつう〜」だろうか。何を言っても「ふつう〜」である。

「部活どうだったの？」

「ふつう〜」

「最近、学校どう？」

「ふつう〜」

普通ってなんだ！　普通って！　普通の根拠を述べてみろ、根拠を！

「びみょ〜」も多い。何でも微妙なのだ。

「試験、できた？」

「びみょ〜」

「で、間に合ったの？」

「びみょ〜」

だから「微妙」ってなんなんだ！

ちょっと字数が多くなってくる言葉に「どっちでもいい」「そんなんどーでもいいじゃん」ってのがある。いかにも気だるく言うのがポイントだ。

どっちかスパッと決めんかい！　どーでもよくないから聞いとんじゃい！

もう少し人間らしい会話を求めるとなると「俺だけじゃない」ってのがある。

「こんなヒドイ点数で指名補習はアンタだけでしょ？」と母が言うと必ず「俺だけじゃない」ってのが合

いの手に入り、怒られる気配を感じたボキャ貧どもは、こう言うのだ。

「東だろ？　植草だろ？　錦織だろ？　それから東だろ？　えーっと東に……」ってオマエね～東が学年に何十人もおるんかい！　素直に反省すれば良いものをボキャ貧であるがゆえに、ドンドンと墓穴を掘っていくのだ。

「みんな、○○を持っているから俺も欲しい」とか言うときに使う「みんな」も健在である。「君のみんなは三人だけなの？」って突っ込みたくもなるってもんだ。

これら長文読解も母にとっては疲れるだけのものであるが、さらに上をいく言葉があることを発見した。

「短文読解」である。今様のチュー坊ちゃんは一文字に魂を込めるのだ。

「ぬ」。主に野郎が使用する。打ち消しの連体形である。よって完了の意味を表す助動詞の終止形「ぬ」でないことに注意が必要。用法としては「明日はお弁当いるの？」というやさしい母の声に「ぬ」とだけ答えることにより「お弁当は必要ない」という連絡事項を一言をもって速やかに伝えているのである。

短文読解には女の子バージョンもある。

「は～？」

「は～？」と右肩上がりで聞き返されるとハラワタ煮て食っちゃうぞ！　ってなくらい腹立たしい。

さらにバージョンアップした究極の最短言葉が出た。

「で？」

これは「何？」とか「それで？」という意味であるが、言外に「だから何だって言うんだよ！」という気持ちがてんこ盛りに含まれている素晴らしい日本語なんだそうだ。会話をこれ以上続ける意思がまったくない、もうアンタ（母）との会話はめんどいから終わりにしようぜぃというサインでもある、親をかわす便利な言葉なんだそうだ。この言葉を子どもから吐かれた奥さん、子どもの本日のお弁当は日の丸オンリーに決定です。

とも思ったが、現場の先生がおっしゃるには、この年代はみーんなそうなのであって、親どころか何を見てもムカツク年ごろなんだそうだ。

「お母さん方、この年代の子どもたちはですね、親なんかと口をきくのもメンドクサイっていう時期で親を毛嫌いするのが普通です。それが極々普通の子どもさんなんですよ。また逆にそれがないといけません。成長してるんだなーって思って黙って遠くから見守っていてください」

「ポストが赤いってのだけで無性に腹が立ってくる年ごろなんですな」って…、理解できるかい！

あ〜、嵐を呼ぶ思春期。早く元の「私が産んだ子」に戻っておくれ〜。

宿題白紙で出すなんざいい根性しとんのぉ
㊟
三年桜組反コウキ
このレポートはバカには見えません
担任→

4
April

パッチワークのつなげ方

自分で「天の邪鬼」だなあと思うときがある。昔話に出てくるひねくれ者で人の言うことなすことすべてにわざと逆らう可愛くないヤツのことである。りんこは子どもが幼児のころ、駄々をこねているのを目にするたびに「天野ジャックさ〜ん！」と呼んでいたものだが、実は自分自身がかなりな〝ジャック〟なのである。仕事をしていると猛烈に部屋の模様替えをしてみたくなったり、逆にアイロン掛け作業がたまっていると、それから逃れたいがために何かを書きたくなってくる。目の前のことはいつでも嫌で、ほかのことがしたくなりほかのことができる状態になると、もうそれはしたくなくなるという一種の病気だ。

息子の中学受験のときもそうだった。あ〜あ、この送り迎えに要する時間がもったいないよな、この時間があればもっと有益なことができるのにとか、あ〜あ、この勉強してるかどうかを見張ってる時間がもったいないよな、ただ横でボーッと座ってるなんて、ああ、もったいない、なーんて思っていたのだ。しかし受験が終わってそれら業務から解放されても、なんの有益な時間も過ごしていない。結局ジャック病である「ないものねだり」の症状が悪化しているだけなのだ。

世のお受験母たちは中学受験を終わらせるとヤレヤレとホッと一息、息をつく。子どもの行き先がどこであろうが中学にとりあえずは突っ込んだのだ。あとは子ども自身の力でどうにかこうにかやっとくれ。

もう公立だろうが私立だろうが中学に行ってしまえば親が一日中くっついていなくてもいいわけで、十数年ぶりの開放感に浸る母も確かにいる。

「子どもが塾生活から離れるとお弁当やら送り迎えやらの勤労奉仕から解放されて最高でしょ？　ビバ、私の青春じゃない？」

と末っ子が中学生になった友人に聞いてみる。

「そんなことない。結局、同じ。夏休みも上が朝、補習に行ったと思ったら、今度は下のお弁当を作って部活に出さなきゃいけなくて、下が出たと思ったら上帰るで結局1日バタバタして過ぎているのは変わらない。精神的には空っぽなのに、やっぱり日々の生活に追いまくられちゃうんだよね。だって何もしてなくても洗濯物はたまるし、ご飯は作らなくちゃダメだしね。やって当たり前の毎日じゃさ、手抜きなしで一生懸命やるような気力もないし、そうかと言って生きがいって言い切れるような仕事もない。子どもも寝て食べるしか家に対して用事がない生活だとね、親子で向き合って話すことも全然ないし、ましてや夫なんてね。今までだって子どもの話題だけしかなかったのに、その話題がなくなったら、もう話すこともなくなって、単なる下宿屋のおかみさんと下宿人って感じかな。なんかこのまま恋も愛もやり甲斐もない尽くしで、私の人生終わっちゃうのかなぁって思うとたまらなく寂しくなっちゃうよ」

そうなんだよね。とりあえず母って役割は家族にとっては便利な存在で空気みたいだけど、居なくなるわけにはいかないいんだよね。それをずっと何十年もやり続けていくってこともしんどいね。

そうかと思えば一日中、運転手をしているような母がいた。朝、子どもを駅まで送り、取って返してダーリンを駅まで送り、おばあちゃんを病院に連れて行き、戻ったと思ったら、下の子を塾に運び、上の子を駅に拾いに行き、再び塾に迎えに行ったと思ったら、ダーリン帰るみたいな生活である。こんな生活を何年も続け上の子は留学。おばあちゃんは入院。末っ子は中学に入学した。コマメに連絡をしてくる子でもないので何時に駅に着くのかも分からない。しかし母は帰って来そうな時間帯には、きちんと駅前ロータリーで待機しているのだ。

「まるで忠犬ハチ公みたいだね」

と笑うりんこに彼女は

「長年の習慣かしらね。つい駅まで来ちゃうのよ」

と少し寂しそうに笑った。

「空の巣症候群」という心理状態があるらしい。子育ての〝巣〟であった家庭が子どもの巣立ちにより空っぽになったように感じる母親独特の心理状態を指す言葉だそうだ。それまでの自分の生きがいや心の拠りどころであった子育てという役割が失われ、夫も留守がちで会話もないなどのために生じる抑うつ状態だそうで予備軍も含めると決して珍しい症状ではないと聞く。心身のバランスを崩しがちな更年期を迎える前に、子どもから離れて夢中になれることを見つけていく心がまえが大切になるのだそうだ。

しかし女は生物学的にそうなのか、環境がそうさせるのかはわからないが、やはり強い生き物なのだ。家事も育児も小間切れ仕事の連続だ。今、風呂掃除をやってたら途中でピンポンが鳴って宅配を受け取ったら、子どもがジュースと騒ぐのでついでやったら、ゴミを出し忘れたのに気がついて慌てて出して戻って来たら、子どもがジュースを床に撒いた後だったりして。拭いていたら、こんなところに埃の塊発見、ついでに掃除機かけるかと思ったときに電話が鳴って、もはや風呂掃除なんてことはキレイサッパリ抜けているというような暮らしが続いてきた。しかも、それは「ハイ、おしまい」という区切りがあるようでないエンドレス作業。このような中で何とか折り合いをつけてやっていけるのは女がしなやかに生きられるからにほかならない。

女の24時間はパッチワークである。女たちは時間割りを頭のどこかに入れながら、コマコマ動いている。それゆえ母自身に現金収入がある、なしにかかわらず家の中でただじっとしている主婦は少ない。仕事があれば当然その時間帯はお留守だろうし、内職であったら集中力を要す時間がいるだろう。それ以外にも、やれボランティアだ、役員会だ、習い事だ、ジムだ、趣味だ、介護だ、買い物だと本当に捕まらない。母同士のランチ会の設定でも3人以上となると全員参加で日程調整をするのは難しいというのが現状だ。

家事も育児も仕事も人様に自慢できるようなものはひとつもないという多くの女たちは自分の中で、それらやるべきことに適当に折り合いをつけながら、それなりにこなしている毎日の繰り返しなのではなかろうか。ひとつのことに集中して、それしか目に入らずにがんばっていくことが多い（またはそれを強いられる）とされる男という種とは決定的に違う生き物なのだろう。

「普通のオバさん」とひと括りにされる女たちの暮らしをちょこっと覗く機会が多い。あ〜だこ〜だは言っても結局やるべきことは最低限でもきちんとやって生活している女たち。傍目には笑顔も見える。

「ああ、これが暮らしなんだよなぁ」とりんこはつぶやく。

そりゃ「人生は」とか「生きがいは」とか大きく語れるようになれれば一番良いとは思うけれど、大多数の女たちは毎日毎日ナンノカンノと文句を見つけ「卵が88円」買いに行かなくちゃ！　のついでに「ラッキー、秋物半額！」を物色するも結局買ったのはダンナの靴下だけだったりの繰り返しなのだ。

イカ頭巾ちゃん劇場

火の車

1

【毎週月曜日はレポート提出の日】

先生：加藤、再提出

2

【翌週の月曜日】

先生：加藤、前回分再々提出、今回分再提出。

3

【さらに次の週の月曜日】
先生：加藤、前々回分再々々提出、前回分再々提出、今回分再提出。キミジマ、再提出

4

キミジマ君：何か考えごとしてる？

オサム君：雪だるま式に膨れあがる借金って、こんな感じなのかなって思って……。

第4章

5月、中間テストで深海へ行く

入学してからずっと平和な日々を過ごして来た我が家に、突然訪れる恐怖のとき、それが中間テストです。ねえ、みなさん知ってました？　うちの子、エラ呼吸もできるんです。こと成績に関しては深海までぐぐっと潜って出てこないなんて離れ業までしちゃうんです、ってこれはもう人ごとじゃあ、ありません。

5
May

鉄はすでに冷めきって打っても打っても、あーあ、もう

ある幼稚園のオーラのかかった園長先生がおっしゃっていた言葉である。

「子育ては初めての瞬間を見逃しちゃダメですよ」

要約するとこうである。赤ちゃんは生まれた瞬間から初めて尽くしの経験をして日々大きくなっていくのだが、我が子に何かを与えたとき、それがその子にとって初めて接するものであったなら、そのときこそが子育ての最大のチャンスであるから決して見逃さないようにして育てなさいと、そういう趣旨の内容だったと記憶する。

たとえば箸がある。箸を初めて使わせたときこそが正しい持ち方を教えるべき瞬間であり、そんな難しいことができなくてもまだ小さいんだからと甘やかすのは、実は親が小さい子の食事を面倒がっているだけであって、それは怠慢以外のなにものでもないとおっしゃる。

「鉄は熱いうちに打たなければなりません。その一瞬、マッ、いっかと見逃せば、その子は正しい箸の持ち方を会得するまでに長い時間を要すでしょうし、また自己流の持ち方がすでに癖になってしまい気づいたときには直すに直せないという事態が訪れるかもしれません。

ほんのひととき親が真面目に『こうだよ』と教えてあげれば、大きくなってから自分の力でどうにか改

善しようとするようなムダな時間を費やすこともなくなるのです」

ハハ〜。お説ごもっとも！　と拝聴していたりんこであるが当時長男が小学校の低学年、長女は幼稚園児であり、やはりりんこの理解力は今よりも多分に低かったように思う。園長先生の言葉の意味を理解したつもりではあったが、今にして思えば理解にはほど遠かったのだ。ソニーの創業者である井深大氏の著書で『幼稚園では遅すぎる—人生は三歳までにつくられる』（サンマーク文庫）という本があるが、りんこは当時単純に「あい〜!?　三歳？　もうダメじゃん！」とハナからサジを投げていたのだ。

先日、友人にも学習塾の先生の話として「優秀なお子さんは三歳までに頭角を現す」と聞かされたばかりだが、では三歳まで親は昼も夜も添い寝しているだけという怠惰な暮らしを続けさせられた子どもはというと、当然のことながらどうにもなっておらず、そのツケは大きい。

ちょっとこの問題を真剣に考えてみたい。三歳までに頭角をとか幼稚園では遅い！　と言う場合、これはピカイチの才能を開花させるためにはどうすればいいのかとか、天才児と呼ばれるような聡明さを維持させるためにはとか、超一流のスポーツ選手にするためにはとか、世紀を代表するような音楽家にさせるためにはというようなニュアンス（井深本の視点からはずれてしまうが）を含んでいるように思う。

ではそこまでは全然望んでもいない親、もしくはとっくの昔に三歳が通り過ぎて行った親はどうすれば良いのであろうか。世間的には中学受験というものに「成功」（つまり超一流校ということ）という結果を収めた母たちに聞いて回ったところ、以下のような答が出た。
一、三歳（入園前）まではひたすら公園に行くべし。1日5時間くらいが望ましい。
二、幼稚園ではお絵かき、粘土、泥遊びをおおいに推奨すべし。

三、小学校で初めて触れるものに注意を払う。
一と二はたいして重要ではない。お日様の光を浴びて遊びお日様が沈んだら眠るというような生活のほうがいいよと言ってるだけで努力目標にすぎない。親が辛いのに無理してまで行くところでもない。お絵かき、粘土なども絶対ナントカ教室に通わなければならない類のものではない。子どもが絵の具を気に入ったら、好きなように塗らせて褒めてあげたら母も楽しくなるよ程度のことである。

しかし三は重要なのだ。小学校、小さいとはいえ「学」という名がつくところへ通うのだ。ここで先述のオーラのかかった園長の言葉が生きてくる。

「最初が肝心」

鉛筆を持てば正しい握り方を教えるべきだし、習字をするなら正しい姿勢を教えるべきだし、字を書くならきちんと丁寧な字を書くように教えなければならない。「貝」と「見」は同じ文字ではなく、しかも「貝」は「日」ではなく「目」であると注意する。ランドセルは放り投げるモノではなく、なかから今日の宿題を出して、鉛筆を明日のために削り、寝る前には明日の時間割を揃えておくものだということを骨の髄に染み込ませなければならないものなのだ。黒板の文字をきちんとノートに写してくるとか、給食ナプキンは洗濯に出すとか、宿題は死んでもやるものだとか、部屋は夜中に小人が出てきて片づけてくれるものではなく、出したものは自ら仕舞わなければ一生そこに出ているものだということもきちんと教えなければならない。しかも初めての瞬間にそれらを実行しなければならないのである。「あたし、疲れちゃったから今日くらいはマッ、いっか」などと台所で缶チューハイ片手に肉を炒めてる場合じゃないのだ。

現在、中学受験真っ只中の母の中にはこれを読んで「どうしよう!? できてないよ、もう受からない」

と真っ青になった母もいるかもしれないが、安心なさい。これらは今現在トップ校に行くには行ってるが、こういうことがな――んもできてなかったという母の述懐である。受験時代は「字が汚い、部屋が汚い、整理ができない、宿題が出せない、やる気がない」のオンパレードのお子様たちであったが「泣く子も笑顔の超トップ校」に在籍中だ。合否とこれらは関係ない。しかしである。これら世間的には羨望の眼差しで見られている母たちは小学校入学直後にこれをやっておくべきだったと今になって身に染みて後悔している。トップ校の母がそうなのだから、りんこなんて推して知るべしだ。

あるトップ校で定期考査直前にノート盗難事件が発覚した。トップ校は市販の教科書など出る幕もなく、ノートこそが命綱である。犯人は数人のノートを盗んだ模様であるが被害者の母は首を傾げてこう言った。

「問題は犯行動機よ。試験前で切羽詰った末の犯行としてもリスクを犯してまで家の子のノートを盗る理由がないし、しかも5行しか書いてないし。人の足を引っ張って順位を上げるという作戦なら、これ以上下のいない者の足を引っ張ってどうなるんだと思うし……」

謎が謎呼ぶノート失踪事件だったのであるが、学校側の救済措置として頭良し男君のノートコピーが与えられたと聞いたので結果オーライであった。

このような例が示すとおり小学校低学年での初体験をボーッと通過した者たちの道は険しい。子どもが中学生にもなってしまうと人生で初めてのモノは考えるだにあまりオススメできないようなモノか、どうでもいいようなモノに限られてくるような気がしてくる。今さら「このノートは国語かと思ったら、ウォイ！　いきなし数学だよって裏は地理じゃん！」なんて嘆き悲しんでいる場合じゃないのだ。

ああ、あんとき缶チューハイじゃなくてビールで止めときゃ良かったよ……。とりんこは泣いている。

5 May

宿題、宿題、超宿題

午前4時のさいたま市。女がひとり地べたにしゃがんで何かをしている。時おりモゾモゾと動いたかと思うと、突然地面に這いつくばる。初夏の夜明け前、遠くの電柱に照らされてヌボーッと黒く浮かび上がる様は季節先取りのお化けのようだ。

やはり気になったのか通りかかった散歩老人が引き返して来てこう言った。

「ちょっとアンタ、何してまんねん?」

女はしゃがんだままで顔だけを老人に向けた。

「ちょっとお花を摘んでます」

しゃがんだ状態が長かったために足がしびれて立てないのだ。老人は怪訝《けげん》そうな顔でこう言った。

「アンタ、そりゃ花じゃありゃしまへんで。オオバコや」

女はにっこり笑ってこう言った。

「どうも、ご親切に」

女は心のなかで「やった!」とほくそえむ。ホントのことを言うと、これがオオバコかどうかイマイチ自信がなかったのだ。

「フン、これでお墨つきだわ。見てらっしゃい」

女はスーパーの袋いっぱい摘み取ったオオバコを寝ぼけ眼の娘の目前に突き出した。

「さあ、実験用オオバコを収穫してきてやったからサッサと学校に持ってお行き」

午前5時の横浜市。朝からパワー爆発ハイテンションの母が怒鳴っている。

「宿題持った？　ちゃんと持ったの？　今日出さないと平常点つかないのよッ！　わかってんでしょーね？」

息子はいつものように不機嫌そうにソファーに座っている。

「着替えろ！」

やっと自分の部屋に移動したかと思ってのぞいて見る。

「ベッドで眠るな！　動作を巻き戻してどーする！　サッサと着替えろ！　飯を食え！　トットと行け！　アッ、宿題はリビングのテーブルの上だからね！」

息子は目の大きさを昼間の半分にしたまま「ウィース」と答えた。

午前6時のさいたま市。「やれやれ、アホ娘がやっと学校に行ったわ。朝から労働しちゃったから疲れたわ。洗濯しなくちゃ。あら？　なんでこんなところにスーパーの袋が？　エエー？　もしかして？　もしかして？　あのアホ娘のヤツ！」

午前6時の横浜市。

「やれやれ、やっと愚図男が出かけてくれた。これからゆっくり新聞でも読む……ってなあに、これ？　エエー？　もしかして？　忘れてるじゃん！　愚図男のヤツ！」

母はサンダルつっかけて、ちゃりに飛び乗り全速力で駅に急いだ。

「まずいわ。今日中に出さないと今度はテストの点からマイナスされてしまう。ただでさえテストの点が悪いんだから、そんなことされたら無くなっちゃう。それは絶対阻止だわ」

駅直前で息子の捕獲に成功した母は鞄には入れずにわざわざお弁当袋にその宿題である紙を突っ込んだ。

「いくら何でもお弁当のときに『オッ、これはなんだ? そうだ。宿題だ。母さんがわざわざ入れてくれたんだっけ。出さないといけない。出して来よう』ってなるはずよぉ! 我ながら、なんてナイスなアイデアかしら♪」

午前8時の東京都。緑の物体がはみ出るスーパーの袋を大事そうに両手に抱えラッシュにもまれる女がひとり。オオバコの青っぽい匂いが車内に漂った。女は久々のパンプスで思うように走れないもどかしさを感じながらも学校に急ぐ。

「1時間目の理科実験に間に合わす! 思えば先月はバラの花びらだったのに見事に忘れたんだったわ。グループ学習だったから助かったようなものの今月こそはご迷惑をおかけしたみな様の分もお届けして挽回せねば」

必死に走って校舎に着いた。運良く担任の先生にバッタリ出会った。

「お母様、こんな時間にどうされました?」

「先生! これオオバコです。ちょっと多いかもしれませんが、田舎に住んでるのは家くらいでしょうから、みなさんの分もと思いましてお持ちしました」

担任は何とも言えない顔をして言いにくそうにこう述べた。

「せっかくのご好意なんですが、オオバコの実験は先週終わったばかりで……」

午後6時の横浜市。

「ちょいと愚図男君。お弁当箱は？」

「アッ忘れた！」

3日後、お弁当箱が我が家に久々帰還した。母は呆れながらお弁当袋を受け取り、中身を見て仰天した。そこには3日前の午前6時に確かに自分が突っ込んだ宿題プリントが余計にグチャグチャになっている姿で存在していた。

私立になんでこんなに宿題が出るのか、しかもそれを出しもしないで平気なのかと嘆く母はそこらにごまんと転がっている。母たちは出会う度に嘆き合い慰め合う。

「先生が電話してきて『宿題を出せ！』って私に言うのよ。母に言うな、子どもに言え！　と思ってさ『試験休み中の宿題は提出させましたが、何か？』って強気に出たわけ。そしたら先生が震えた声で『私が申し上げているのは夏休みの宿題です！』って。その時、何月だったでしょー？　ブブー。正解は11月でした。『もちろん、お子さんには今の今まで随分と申し上げて参りましたが』って怒り心頭でさ、もう恐縮至極で平謝り」

「そうなんだよね。家もだよ。私立の先生ってあきらめ悪いよね？　絶対、出させてやる！　って根性燃やして言ってくるもん。ただ、母に言われてもねぇ？　あたしのせいかい？　って思うし……」

「宿題は持っていかないくせに漫画とかはわざわざ持ってって、しかも見つかって没収とかいうヘマをやらない？　最近、マジに思うよ。アホなのか!?　って」

ある海辺の学校では毎月課題図書が与えられ感想文を提出することを義務づけている。年間スケジュールできちんと事前に発表されているにもかかわらず、子どもたちはギリギリになっても動かない。こういう子の母は年間授業計画をまったく把握していないもんだから、母が気がつくのも提出期限直前である。しかも自力では何が課題かも探し当てられないので、母ネットワークで有能児母からリサーチして今月はこの本だからという情報を入手するのだ。ある母は週明けに締め切りという情報を聞きつけ、息子を図書館に追いやった。しかし、ない。隣町にも行け！　そこもない。その隣にも行け！　そこもなかった。上の息子の大学図書館にまで触手を延ばしたがNGだった。「読んで書いてくるまで帰ってくんな！」と言い放たれた息子は図書館4館目でやっと入手。疲れ果てた息子は入手したことだけにたいそう満足して図書館で眠ったのだ。

一方T太君（匿名希望）の場合。母は市内の本屋は言うに及ばず、古本屋にも丁寧に当たっていった。

「別のタイトルなら同じ著者であるんですがねぇ。そっちじゃダメですか」

しかし課題本は四半世紀も前のもの。そんなにホイホイと出てくるわけがない。

「注文でしたら2週間後くらいですよ」と本屋さんは軽く言うが、そんなに待てない。当然、市内の図書館にも出向いたものの時すでに遅し。先約がいたのだ。しかも返却期限を過ぎている。母は言った。

「すみません！　借りているのはどうせ同じ学校の生徒ですから、早く返すように督促かけてください！」

図書館員さんは気の毒そうにこう言った。

「次も予約が入っています。その方もお子さんの課題図書だとかでお困りのようでしたよ」

いやん、みんな、考えることは同じね。母はPCを上手に扱えない。よってネット注文なんてできやしない。仕方がない。出張中のダンナにやらせようと国際電話をかけたのだ。

「かくかくシカジカでネットで至急入手せよ！」

Tゆき君（匿名希望）は命令を忠実に実行。こんなときに限って、どこのネット本屋も通常24時間以内のくせに少し時間がかかるとの返事らしい。Tゆき君はユーラシア大陸を越えて息子のためだけに楽天、クロネコ、アマゾンと3社に発注した。どこでもいいから一番早く来るものをとの親心なのだ。

4日後、T太君の自宅には3社から届いた同じ本が3冊。図書館員さんが気を利かせて取り置きしてくれた本1冊。計4冊が転がっていた。

何が嬉しくて同じ本ばっか4冊もあるんだ。もう、いい。とにかく読め！　それで書け！

T太君は「どれにしようかな～」と言いながらパラパラめくりながら、こう言った。

「先生がさ、なんか入手しにくいみたいだから、この人が書いたものなら別の本でも構わないって言ってたよ」

はい～!?　なんで今ごろ？　ダメだ、ダメだ！　T太。君は4冊読んで違いをレポートにまとめて提出しなさい。すんばらしい比較論文ができるに違いない。

宿題。何で母が苦労するのかまったくもってわからない。

5 May

「全日本キレおやぢの会」入会募集(資格審査有り)

りんこのところにはおかげさまでたくさんのメールが来て「聞いてくださーい。これこれシカジカで大変なんですぅ」ってな内容のご相談が舞い込むことも大変多い。

まあ、たいてい「ふんふん。そりゃ大変だ」とか「ふんふん。そりゃないよ、そりゃない」とかの相槌をうってるだけなので、相談したほうからみるとなーんの進歩も癒しも得られないヒドイ相談所である。

『リレーアドバイス』という本の中で全国には「キレおやぢ」という父親がわんさかいて、まったくもってしょーがないというようなことを紹介した。反響著しく「家もそーなんです!」とか「あのおやぢを成敗してやってください!」「邪魔だから引き取ってください」などのご感想を多数の方からいただいた。

HPの「湘南オバさんクラブ」のなかには「全日本キレおやぢの会」(事務局:北海道)というものが存在する。そこにはスカル&ボーンズ会員(※米エール大学の秘密の学生クラブ、ブッシュ氏、ケリー氏も会員だったと言われている)並みの厳しい資格審査がある。にもかかわらず喜ばしいことに複数の名誉会員がいるのだ。ここに資格審査表の一部をご紹介しよう。

「キレおやぢ」は理不尽でなければならない。

「キレおやぢ」は突然キレなければならない。

「キレおやぢ」はどんなに自分が悪くても決して謝ってはならない。
「キレおやぢ」は理不尽な世の中と常に戦っていなければならない。
「キレおやぢ」はいついかなるときでも自分が正しい。
「キレおやぢ」は暴力もいとわない。
「キレおやぢ」は周囲を緊張させるピリピリ光線を発しなければならない。
「キレおやぢ」は家族のなかで窮境に陥ったら妻のせいにして逃げなければならない。
「キレおやぢ」は向上心という名の学歴信奉がなければならない。
「キレおやぢ」はホントは寂しがり屋さん♥

これらすべてをクリアし、なお且つ中学受験に関して言うならば重要な点がある。
「キレおやぢ」は自分の好きなときだけ受験に首を突っ込まなければならない。

つまりである。まったくの無関心やノータッチは許されない。最も忌むべきは懇切丁寧に子どもに指導するとか自らも受験を楽しむというような理想と呼ばれる父親像に近づこうとすることだ。一度「キレ道」を目指したなら正々堂々と「キレ」の道を極めてもらいたい。この道は言うは易し行なうは難しなのだ。

なぜなら「キレ」は本当は寂しがりなのに、素直に甘えることは義としない。それゆえ、家族の反発を食らうのは火を見るよりも明らか。受験時代は子どもも小学生。ある程度は「キレおやぢ」に従っていなければならない立場だ。しかし、子どもも中学というものに入り、段々と外の世界に触れるようになってくると親というものを客観的に見られるように成長する。若者の純粋さと「キレ道」は相容れないものなのだ。これはもう水と油、東海道新幹線と東名高速くらいの平行線なのである。

女の子になるとさらに悲惨度は増していく。「臭い、汚い、キモい、寄るな、触るな」状態である。極々普通のおやぢだってこう言われているのだ。「キレ」の場合は、もうそぉっとそぉっと娘の成長を遠くから拝むしかないのである。しかし「キレ道」を貫こうとする者、こんなことでへこたれていてはいかんのだ。

チャンスは必ずやって来る。それは意外にも入学後まもなくか、その機会を逃したとしても5月の末あたりには確実に射程圏内におさめることができるだろう。

お子ちゃんには入学後まもなく「基礎学力テスト」とかいうものが実施されるであろうし、よしんば実施されなかったとしても「中間テスト」というものが確実にやってくるのだ。この「基礎学力テスト」が全国一律模試だったりしたもんにゃ舌なめずり状態、ごっつぁんです！　である。

「(成績表) 見せてみろ！」

「何だと？　見せられないとは何事だ！」

もうここらあたりから心はハイテンション、血管がぐっぐーと脳に浸透していく感じである。

「なに～!?　なんだ、この点数は！」

「オマエは今まで何やってたんだ！」

さらには敬語を多用した最上級の嫌味が炸裂する。

「お父さんは汗水垂らして、こんなアホのために学費を稼いでいるわけではありません」

「もういい加減、勉強しないんでしたら学費も高いので学校を辞めてもらえませんかね？」

「キレおやぢ」は学習しない。だいたい「キレ」が帰って来るより前に母はこの成績を十分に知っている。ということはだ。すでに「キレ」が「キレ」るより前に子どもに一発キレているということだ。サスペンス映画も2度目じゃ迫力不足は否めない。そんな状況下で夜中に突然怒り出しても効果はないのに学習できないのだから仕方がない。まあ「キレ道」を究めるためには通る道なのである。

しかしである。調査によると最近の「キレおやぢ」は弱体化しておる。中学受験であれだけ理不尽な振る舞いをし、やってはいけんことをし、言ってはならんことを言い、子どものやる気をみるみる削いでくださった「キレおやぢ見参！」というノボリでも立てちゃろかというほどの「キレ」が冴え渡っていたおやぢでも最近はハンドルを「仲良し家族」のほうに切ろうとする不心得者が続出し、実に嘆かわしい。

「なんだ、なんだ？　尻から数えたほうが早いような順位だと？　オッ？　オマエ、まさかこんなことで落ち込んでるんじゃないだろーな？　男のくせにケツの穴がちいせーヤツだな。お父さんなんかな、古文の試験で0点を取ったこともあんだぞ。あんなもんは男がやるようなもんじゃない。女子どもに任せておけばいい学問なんだよ。何？　できなかったのは数学だと？　しょーがねえなあ。まあ、オマエの学校は理数に秀でてるヤツ等がいっぱいいるから、そのなかで競争させてもらえるなんざ立派なもんだ。これからだよ、これから！　ドーンと行こうぜ」

妻は恐る恐るこう切り出す。キレおやぢは一般人にはいつキレるかが掴めないところにキレの冴えが光るのであって、それを知っている妻たるもの、どんなにご機嫌さんでもおそるおそる切り出すに限るのだ。

「あのね、この子、成績のことで早速学校からお呼び出しが来てるんだけど……？」

「アッ、オマエに任す」

資格審査基準の最終章を追記する。

「キレおやぢ」は面談には絶対に行かない。

5
May

クラブに燃える日々

公立、私立に限らず中学に入ると生徒会活動に燃えまくったり部活三昧の日々を送る子どもは多い。「帰宅部」と言われている子どもたちであっても、何をしているのか帰宅時間は結構遅い。

そうなのだ。チュー坊（嬢）母の一番の悩みは我が子が「何をしているのかがよくわからない」ということに尽きる。

「ちょっと、アンタ、ちゃんとやってんでしょうね～？」

と母が聞く。子どもはほぼ１００％の確率でかったるそうにこう言うのだ。

「やってるよ」

何をどうちゃんとやっているのか、その具体的根拠を挙げて２００字以内で述べなさい！　と叫べど、聞いちゃいないどころか、すでにその空間から消えている。瞬間移動？　ってくらいの早業なのだ。壁が「ハイハイ、その根拠はですね」としゃべるわけもなく（イヤ、実際しゃべられても怖いけど）、これじゃ狭い部屋での一人芝居だ。

毎日一緒に暮らしていて、ちゃんと手の届くところに存在しているにもかかわらず、我が子のことがさっぱりわからなくなったと嘆く母ばかりである。子どもの持ち物を家捜しするわけにもいかず、かと言って「家の子はなーんの心配もないのよぉ」と言い切れるほどの自信もなく、我が子を信用するしか手立てがない。まあ、楽しくて楽しくて仕方ないって感じではないけれど、そんなにつまらなそうでもないし、マッ、いっかと不安を真正面で受け止めることを敢えてせずによく言えば見守る、悪く言えば静観している母は多い。

子どもの行動の一から十までをすべて把握することは不可能なので機嫌のよろしいときの我が子が発する短いセンテンス、母ネットワークでの情報などのピースを細かく集めてGPS（※グローバル・ポジショニング・システム／人工衛星を利用して地球上のどこにいても現在位置を正確に割り出すシステム）にするしかない。

なにかしらの部活動に参加している子を持つ母の場合、それは情報のピースが少しは増えるということを意味するので、ほんの少しだが我が子の位置関係把握に役立つ。それはユニフォームの汚れ具合だったり、交通費の請求具合だったり、部活の電話連絡網だったり、我が子の部活熱中度だったり、帰宅時間だったりするのであるが、そこには母のよくわからないなりにも我が子の位置関係を何とか把握しようとする涙ぐましい努力があるのだ。しかし、この部活も母にとっては好ましいことばかりでもない。懐も痛ければ、我が身自体が痛い場合だってあるのだ。

ある日、ハンパじゃない包みを持って息子が帰宅。中身は想像を絶するものだった。柔道着というものは白が基本色らしいが、その袋の中にはすでに白を通り過ぎ何色と形容していいやらの物体が収まっていたらしい。ファブリーズが何本あっても足りないという香りに包まれた母は鼻をつまみながら火バサミで持ち上げた、その瞬間、中から1匹の生物が現れた！　艶光りした茶バネがこっちに向かって走り出す。

逃げるオバさん。走る茶バネ。叫ぶオバさん。飛ぶ茶バネ。オバさん、マトリックス状態でこの危機を乗り越えようと火バサミを持ったまま体を大きくのけ反らす。その瞬間、茶バネが動きを止めた、ように思えたが動きが止まったのは自分のほうだった。ゆっくりと体は浮き上がり、そしてそのまま背中から落下。尾てい骨をしこたま強打し、第1ラウンド、オバさんのノックアウト負け。茶バネの大勝利となる。ゴキちゃんとの戦いに敗れたオバさんは哀れ接骨院送りとなった。

りんこは見舞いがてら笑いに行く。

「その茶バネさーあ、あの学校から来たんでしょ？　だったら文武両道だから手ごわいね～。体力もあるし、頭もいい茶バネだから今ごろ、着々とお仲間作りに励んでるかも！」

りんこは、こういう話がだーい好きなのだ。オバさん、相当気分を害したらしく、

「茶バネってあたしの前で2度と言うな！　そんなに好きなら仕掛けたホイホイにかかってないか見て来い！」

と命令された。なんであっしが人んちでゴキちゃんホイホイの点検をせにゃならんのか……。

「でもよ、なんで中1なのに、そんなにたくさんの柔道着を持って帰ってくるの？」

「そうなのよ。中1はまだ自分専用の柔道着ってないんだけど、買うと結構高いから、先輩たちが置いてった柔道着を使ってもいいらしいの。それでサイズが合いそうだったら洗濯してそれを自分のものにできるシステムみたいなのね。でも何が合うのかわからなかったんじゃないの。そこらにあるの全部、袋に入れてお持ち帰りになったってわけ」

子どもが柔道部のお母さん。洗濯の際には十分気をつけましょう。

恐怖は何も運動部に限った話じゃない。吹奏楽部が活発に活動を行っているある女子校では楽器というものは「購入すべき」ものであるらしい。

「学校にないの？　貸してもらい～」

と軽く言ってその会話を打ち切ろうとする母の前に娘は果敢に立ちはだかる。

「ダメなの、マイ楽器じゃないと。学校にないわけじゃないけど、やっぱり状態も悪いし音程が取りにくいんだよ」

娘は必死に説得を試みる。

「2ヶ月後には大会があるんだよ。もうマイ楽器じゃない人なんて、あたしと理沙くらいだよ。やっぱり音色とか音程とかが安定してないと吹きにくいし、みんなにも迷惑かけちゃう……」

ン？　人様にご迷惑をかける？　それはいかん。ご迷惑をおかけしてまで居てはいけない。早速、その部はやめなさい。

「うっそー!?　ママはどうして、いっつもそうなるの？」

娘は半泣き。別にいじめているわけではないが、ずっと続けるかどうかもわからない海のものとも山のものともわからぬままに、中学生の分際で高価な楽器を手にしなければならないものだろうか。

「だってどのパートだってマイ楽器の子優先なんだよ。フルートとかサックスがすごい人気だったんだけど、経験者か自前の楽器を持っている人が優先になっちゃって、持ってなかった私は立候補する以前に門前払いだったんだよ。ひどいでしょ？」

「先生がファゴットがいいんじゃないかって言ってくれてるの。先輩も向いてるよって言ってくれて一緒に楽器屋さん巡りとかもしてくれたんだよ」

で、そのファゴットとやらは何？　笛？　マッ、何でもいいけど、いくらすんのよ、それ？

「中高生が使うのは50万から70万だって。でもね、なんか先輩の知ってる人で新品を25万くらいで譲ってもいいって」

なんで60万が25万になるの？　ぼったくりじゃない、それじゃ。

「違うよ。それはキーも少ないし銀メッキじゃないから錆びちゃうかもしれないんだって。でも、プロでもあんましそこらへんまでのキーを使うことは滅多にないらしいし」

25万だって高すぎます！　カスタネットとかでよろしい。

「ないよ、そんなパート。でも美香はバイオリンだけど弓だけで100万って言ってたよ」

弓だけってセットじゃないの？

「違うよ。弦も別売りだよ」

ひょえー！　中古でよろしい。中古にしなさい。

「そう思って先生に相談したら、やっぱり楽器は吹いていったりするうちにその人のくせってのがつくものなんだって。とくに吹奏楽器はそうらしいの。それに自分が合えばいいけど、ずっと続けていくんなら、やっぱり新品がいいって。良い演奏には良い音のする楽器は不可欠ですって言ってたよ」

その先生、楽器屋の派遣店員じゃないの？

「ねえ、ママお願い！　絶対、ずっと続けていくから！　勉強もがんばるから！」

エッ？　中学入ってから勉強思いきりすべりっぱなしの子が今なんと？

「だから、絶対勉強もやるから！」

母はその言葉に異常に弱く、コロッと騙されてしまうのだ。

「まあ、やりたいってものをやらせないわけにはいかないわ」

と母は言い、今度の自分の稼ぎのボーナスは楽器に消えたとこぼしていた。

部活も一生懸命やって青春を極めて欲しいと、どの親も願っているとは思うのだが、それにしても、この費用もハンパじゃない。備品、ユニフォーム、合宿代、試合にかかる交通費、遠征費用、すべて実費である。

まあ、何かを本格的にやりたいと思ってのめり込むのであれば、ある程度の出費は止むを得ない。その中で一生懸命な時間を過ごし、先輩後輩との縦社会も学び、充実したときを過ごすのならば対価としては十分元を取っていると思うのだがいかがだろう。

5 May

素で受けるのは止めよう、中間テスト

友が酒を片手に語り出す。

子どもに「卑怯者になるな」と教えてきた。「正々堂々と勝負しろ」と言ってきた。「ありのままの自分を大事にすべし」とも言ったのだ。そして天に祈った。子どもがこれら三つの教えを聞く耳を持つ強い男になるようにと。

天は私の願いを叶えてくださった。まことありがたいことだ。私は願いが叶ったのだからこれ以上、あーだこーだ言っては罰当たりになる。罰当たりになるのは承知の上だ。

しかしだ、りんこよ。友、りんこよ、オマエさんくらいはくだらん戯言につき合ってくれ。

私は息子に「強い男になれ」とは言ったが米を丼で2杯も3杯もかきこむほど胃が強くなれとは言っていない。私は「ありのままの自分を大事にすべし」とは言ったがそれは何もしなくて寝ていろという意味ではない。私は「卑怯者になるな」と繰り返した。しかしそれは予習をするなということではないはずだ。また、私は「正々堂々と勝負しろ」とも言った。確かに言った。しかしだ。なんでそれが中間テストを素で受けることにつながるのだ！

「母ちゃんが正々堂々と勝負して来いと言ったんじゃないか！　俺は直前に教科書をコソコソと盗み見る

ような姑息なことは絶対しない。今のありのままの自分を出すべく試験に臨んだんだ。母ちゃんの言いつけをちゃんと守ってきたぞ。それなのに点数が悪いとか言ってブチ切れるなんて、母ちゃんのほうがおかしい！」

何がおかしいだ、偉そうに！　オマエの頭のほうがおかしいわい！　しかも、その母ちゃんというのは止めろ。せめてお母ちゃんとかにしてくれ。お洒落じゃないじゃないか、母ちゃんは！

「何、言ってんだ。男の癖に洒落るんじゃない！　とか言ってたくせに、母ちゃんで十分だ！」

うるさい。ともかく定期考査を素で受けるとは何事だ！　普通はみっちりと勉強してから臨むもんだろうが！　そのために部活も試験前1週間は禁止だろうが？　何のためにそういう措置になってると思ってるんだ！

「エッ？　暑かったからじゃないの？　気温が28℃超えたらやらないのかと思ってた」

アホか、オマエは！　とにかくテストを素で受けるのは許さん！

「なんでだよ！　公開模試を受けるときは実力をみるものだから今さら何をしてもかえって逆効果。テストの意味は弱点チェックにあるんだから、戻ってきたら丁寧に見直しするほうが百倍効果があるって言ったのは母ちゃん、アンタだろ！」

ひ〜？　ひ〜？　ひ〜？　アンタ、中学受験の公開模試と中学の定期考査をゴッチャにしてんのぉ？

バカモノ！　愚か者！

「なんだよ、試験に変わりないだろーがよー！」

もう今回は仕方ない。次回の期末に賭けるしかない。ちゃんと今回間違っていたとこは繰り返しやって弱点補強をしないとダメだからね。今、きちんとやっておくんだよ。

「エッ？　大丈夫だよ。1年のとき分かんなくたって2年でも3年でも繰り返し同じ問題をやっていくんだぜ。また来年（同じ問題が）出てきたときにやりゃーいいんだろ？」

ヒッ!?　今、なんと？

「だから、うっせーんだよ、何度もよー。塾でもスパイ方式って言ってただろ？　今、できなくても悲観するな。繰り返し似たような問題が何回も出てくるんだ。4年でわからずとも当然。それを5年で見直して、それで忘れて、また当然。それを6年で見直して、受験までにできるようになるんだから何ら心配することはないんだ！　って先生が言ってたのを忘れたのかよ！　ったく年寄りはこれだからイヤになっちゃうよな……」

誰が年寄りじゃ！　だいたいスパイ方式ってなんだ、そりゃ？　スパイラル方式だろうが！　バカ者、アホ者、マヌケ者！　それは中学受験で終わったの。中学でやることは1回こっきり、わからなくても次はないんだよッ！　積み重ねの学問が多くなっちゃうから一次関数を理解しないヤツは二次関数など理解不能。高校の微分・積分なんて宇宙人の言葉のように思うだけになっちゃうよ。今基礎をしっかり固めないと！

「えー!?　なんだよ、それ早く言ってくれよ！」

ようやく気がついたか……。このアホ息子め。

「じゃあ俺も高校行ったら第2外国語を習うわけか。英語に続いてわけわかんないのが増えるのか……」

はい〜？　第2外国語？　そんなんあったか、あの学校？

「宇宙人の言葉ってどんなんだ？　なんかスゲー楽しみになってきた！」

あ～!?　勉強しないと微積分が宇宙語に聞こえるって言ったんぢゃい！　人の話をちゃんと聞け。わかったか、このアホ息子！

ああ、この自分の都合のいいようにしか人の話を聞かない性格って一体どうなってんの？　って真剣に悩んだよ。

でね、りんこ。それから何日か経って先生様からお電話があったの。

「アッ、お母さん。担任のモンク・オオスギですがね。息子さんに予習を必ずやってから授業に出席するようにご家庭でも気をつけてあげてください。このままじゃどうしようもなくなりますから。それじゃ」

もうびっくりしちゃって息子に早速言ったわよ。なんでお母さんがモンク・オオスギ先生から叱責されにゃならんのか！　って。ちゃんと予習をしていきなさい！　ってね。でもよ、りんこ。これが復習主体塾の怖さね。息子はこう言ったの。

「予習なんてやるヤツは卑怯だ。あらかじめわかってから授業に参加するなんてズルイじゃないか。塾の先生はそんなヤツは授業に飽きるから絶対伸びなくなる。絶対、予習はしてくるな！　って言ってた。俺は卑怯な真似は絶対しねー！」

アッ、そーですか……。それはそれはご立派な信念をお持ちでらっしゃるって、泣いたよ、あたしゃ。

ねえ、りんこ？　あたしは一生懸命育ててきたよね？　間違った子育てはして来なかったよね？

う～む。確かに、確かに。間違ってはいなかったような……。あっし思うに、この種のチュー坊は実に多い。「何もしないでいい」とか「特別に勉強する必要はない」とか「塾どころか市販の参考書なども一切不要である」と学校の先生様が言ったと青年の主張を母に対して声高に述べるのだ。

先生様たちは確かにこのようにおっしゃっている。それを否定はしない。しかしである。これら文脈には前段落があり、それらは決まって条件文なのである。

「日々の授業に集中さえすれば」

「授業をよく聞きノートをしっかりとりさえすれば」

「日々しっかり授業内容を復習するならば」

この前提条件をクリアしてはじめて「試験対策としての勉強は」→「何もしなくていい」になるのである。しかも、これは先生様の頭良し子さんチームに向けての発言であるのに、こういうところだけを聞きかじってくることが、この問題をいっそう根深いものにしている。

先生様もどうせおっしゃるならば、その後に「アッ、お前とお前とお前は違うから。しっかり試験勉強してくるように」と強く諭して欲しいものだ。

中学に入ると学校の難易度にかかわらず「全ドン連」なる組織に加入してしまう子が出現する。（※全ドン連＝全日本ドンくさい子連盟。なお、この上部組織として「全ドン連母の会」（事務局／横浜）なるものがＨＰ湘南オバさんクラブ内に存在する）「全ドン連」に自動的に加入してしまうようなお子を持った場合、母の心労は激しいものになっていくことを覚悟しなければならない。

ただし全ドンのお子ちゃまは間違いなく「いいヤツ」である。性格は飛び抜けていいのであるが、悲しいことにエラ呼吸であることが難点なのだ。詳しくは後の章に説明を譲るが、加盟資格の一例を挙げるのならば「自己[illegible]きない」。こういう子は有力会員候補である。全ドン子は天然であるがゆえ、思いもかけないことを大真面目におっしゃる。

「ヤバイくらいできた！　自己採点84点だったし、合格間違いなしだわ！」

真に受けた母も大喜びである。なぜなら、この資格試験の合格ラインは80点。辛く見積もってもラインは突破しているに違いない。後日、結果を手にした娘は言った。

「惜しくもダメだったよ……」

なんだ、そっか。惜しかったのか。79点でダメだったのか？　仕方ない。ケアレスミスだったのかもしれない。そう思いながら結果表を見る。

「48点」……。

母、絶叫。はい～～～!?　どんな自己採点したら84点が48点にすりかわるんじゃい！

我が子がこのような訳分からん小理屈理論を振りかざしてきたり、自分の都合の良い部分しか聞こえない、あるいは目にしない病気に罹患したら、母は自分の育て方が悪かったのかと悩んではいけない。これは母のせいでは断じてない。りんこはこう名づけよう。これは「接続詞症候群」なのだ。国語の受験勉強をテクニックだけでカバーしてきたヤツらが感染する麻疹なのである。わからないのでとりあえず「要するに」「なぜなら」「しかしながら」「したがって」「すなわち」「つまり」などの接続詞だけを頼りに問題に挑んだ結果である。

文章の全体を読まずしてお手軽な正解だけを求めたならば、数年後お勉強の神様は容赦なく定期考査で罰をお与えになるのだ。ザマー味噌漬けなのである。しっかし、せっかくの神様の罰であっても堪えているのが母ばかりなりなりって一体どういうことなんだろう……。

5
May

面談の心得

「ところで、あなたのお子さんは肺呼吸ですか」

中学に入った。母にも子にも新しい世界。希望に満ちたパラダイス。私のずっと続いている青春は子どもの青春と共にさらに光り輝く！……予定であった。中間テストの前までは。そうなのだ。中間テストまでは母は楽しい。第一志望じゃなくたって、この際そんなことはいいのだ。やっと地獄の塾通いから解放された自由な日々。子どもの制服姿に見惚れ、春の陽射しはなんて私を柔らかく包む。

それがだ。何と言うことだろう。幸せが鬼のように速く私を追い抜いていくではないの。中間考査の前と後で人生が一変してしまうなんて、そんなことがあるなんて、あぁ。

世の中にどうして数字なんていうものが存在するのか。どうして現状をすぐに数字で表そうとするのか。小さな箱庭のような世界での平均を上だ下だと騒いでみて、何か有益なものが生まれるとでも言うのか。1番がいればビリもいる。皆が嫌がることを自ら進んで引き受けているとしか思えない順位を取る、天使のような我が子。褒めてしかるべきなのに、どうして叱責されねばならないのか。

TOP校によく見られる方式だが、子ども本人に成績表を渡すのではなく、親に直接渡す機会をわざわざ設けてくださる。何も考えずに茶話会のような感覚で保護者会に参加した母は、配布された封筒を「何のお知らせ?」とワクワク気分で開封してみるのだ。と開けてびっくら玉手箱。中味は我が子の成績表である。偏差値までご丁寧に書かれていた日にゃ「これから上がっていく楽しみを学校が与えてくれているのね。ありがたくて涙が出ちゃう。だって女の子なんだもん」状態だ(BYアタックNO・1)。

「お母様方、初めての成績表なので見方がよくおわかりにならないかもしれませんが、お名前の横に丸印がついておられる方。ご招待状も同封させていただきましたので、のちほどごゆっくりご覧ください」と先生様の声が厳かに教室に響くのだった。担任からの栄えある「ご招待状」。想像するだに震えが来る。

私立は先生と親との距離が近いという学校が多いが、もし許されるのであれば親たる者6年間、先生から「あの子のお母さんはどんな顔だったかいな?」と思われている影の薄い存在でありたいものだ。しかし、たいていの母は「隅に置けないわねぇ」的な存在になりがちである。

一方、順位も平均も出して来ない学校もある。超進学校の技である。あるのは全体の分布表と本人の得点のみ。口頭で子どもに順位を教えてくださる先生もおられるらしいが「○番だった」という子どもの言葉が真実か否かを検証すべく先生に直接ただす勇気は親にはない。

そして夏。母は「地獄の2丁目」の存在に薄々気づき、次の停留所までの距離が途方もなく遠いことを本能的に嗅ぎ取るのである。なぜなら多くの学校で個人面談が実施される。客観的データというものを楯に先生様が有無も言わさず迫ってくるような気がしてくる。

ある母は個人面談に出席して担任にこう言われたそうだ。

「あれ? お母さん、息子さんは?」

「ハ? 部活じゃないでしょうか……?」

「おかしいなぁ。三者面談って言ってあったんだけどなぁ……」

母は真っ赤になりながらも最後の抵抗を示す。

「先生。家の子に1週間前に言ってもムダです。覚えてられませんから！」

「いや、お母さん。僕が言ったのは、つい30分前ですが……」

あんにゃろ〜。帰ったら覚えときーや！　母の顔が般若と化す。

「アンタ、三者面談、なんでばっくれんの!?」

母の強い叱責に息子は一言。

「三者面談って俺も出んの？」

はい〜？　と母。よくよく聞けば、息子は三者面談を「春の面談」とか「1年3組の面談」だとかの「面談」の枕詞だと思っていたらしい。愚息も愚息。世界一の愚息だわとその母は深い深いため息をもらした。（※三者面談＝特別待遇。担任様がとくに必要と認められる生徒に親の目前で施す愛の鞭）

ここに面談の心得がある。
一、面談予定表をチェックする
もし我が身の背後に誰も控えていない状況ならば時間無制限一本勝負を覚悟すべし。
二、靴はローヒール
帰路はよろよろになっているので、ヒールが高いと捻挫する。

中1中間の平均は8割9割当たり前というカメラ屋並みの高得点が出やすいので、まさか我が子に深海に生息するための「エラ」があるなんてことは気がつきにくい。「今度がんばるから！」という子どもの声に「オマエの今度はいつだよ」と力なく言っているうちはまだ余裕。上級者になってくると「試験の話は親子で触れず」となっていく。さらに最上級者はこう言うのだ。

「中間が悪いくらいなんざんしょ。朝起きて遅刻せずに学校へ行くだけでもアンビリーバボー！」

お入学したばかりの母を怖がらせるだけが能ではない。ここはひとつ先輩としてうんちくのあるアドバイスをして差し上げよう。2月に持てる爪を伸ばせるだけ伸ばして人も羨むTOP校に息子を突っ込んだ、ある母のありがたいお言葉をはなむけとして書き添える。

「皆様、『平均点取れなかった』程度でよろよろしていたら、これから先、身が持ちませんことよ!! いいザマスか？ これからはキューピッドちゃんが『特別扱い』という矢を我が身に山のように放ってくださるザマス。学園と母との仲をわざわざ取り持ってくれるザマスからね。『こちらから面談を申し入れたことは一度もない（必ず逆指名がかかってくる）』『校長先生とサシで会談に臨んだことがある（校長先生とのツーショットはVIPの証）』『面談での待ち時間はゼロ（なぜなら私はVIP待遇の逆指名）』『一般の保護者は知り得ない、奥の院（お呼び出し部屋）への秘密の通路を知っている』せめてこれぐらいのレベルに育っていただかないと学校のことは語る資格もなくてよ。おーほほほ。さあ、まずは電信柱にも頭を下げてしまう自分になってからザマス。こんな明るい未来が待っているザマス。最初の中間くらいなんザマス。どーんと行くザマスわ～」

面談の帰路でよろよろしても落ち込まない。まだまだまだまだ先はながーいのだ。

「○■△★×～～!?」

中間テストで母が言葉にならない叫び声をあげたそのときこそが、長い6年間の本当の始まりなのだ。

号外！

深海サミット開催される！

中間テストの結果も出揃い、初夏の日差しもまぶしいある日、都内某所で深海サミットが開催されました。集まったのは、いずれも偏差値60を超える超優秀校に子どもが通っている中1、中2、中3のお母様方4名。彼女たちに共通なのは、子どもたちがみんな「エラ呼吸」ということなのです（爆）。

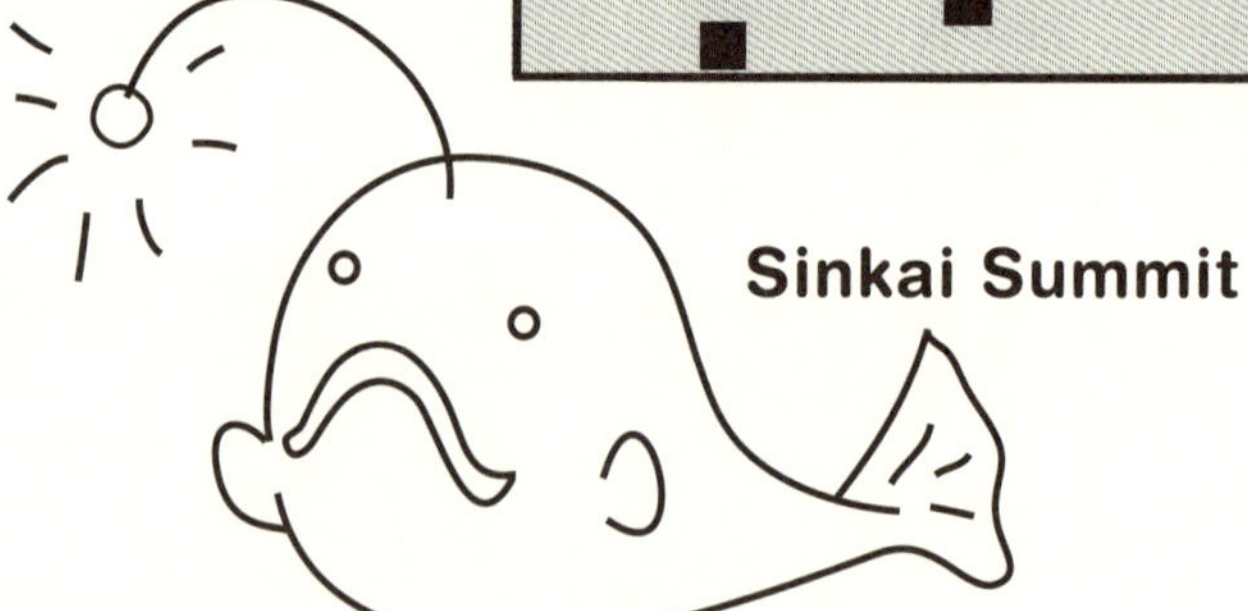

Part 1

中間テストまではパラダイス！

——本日はお子さんの監視にお忙しいところ、お集まりいただきまして、ありがとうございました。ぜひ、これから中学受験を控えているお母様方のためにも、ウソ偽りのないところで、日ごろのお子さんの様子から、腹煮えくりかえるうっぷん話までお話いただければ、幸いです。

——まずは、入試が終わった直後の様子をお聞かせください。

Tさん（男子進学校にお通いの中2男の子の母）　もう晴れやかだったと思う、親も子も。

Mさん（女子進学校にお通いの中1女の子の母）　テレビ三昧でしたね。ずっと塾でテレビが見られなかったから、塾にいかなくなった途端、これでもかっていうくらい見てた。無理やりチャンネル合わせてでも4時間くらいずーっとテレビ見てましたね。

Iさん（大学付属校にお通いの中2男の子の母）　受験が終わって塾が終わっていわゆる普通の小学生に戻ったわけですよね。本当に普通の小学生してたら、こんなに勉強しなくていいんだって思った。

帰ってきたらすぐ遊びに行って、日が暮れるまで遊んで、お風呂入ってまた寝て。学校の宿題はないし、普通にしてたらこれでいいんだ、これで通るんだって。中学受験生って本当に……

Mさん　終わってみると、異常な世界だったんだなって思うよね。

Kさん（男子進学校にお通いの中3男の子の母）　あり得ない。

Tさん　それに終わった直後は、たぶん

Part 1

中間テストまではパラダイス!

正直に言えば天狗になっていたと思う、すごく。

Iさん　天狗になっていたのは誰?

Tさん　私（笑）。多分私。客観的にうちの学校で中学受験した子たちのなかで、うちの子が一番いいところに入ったから。それからまわりの目もちょっと変わってきたから。

Mさん　満足、満足って。

Kさん　やんちゃなあの子って本当はできたのね〜、みたいな（笑）。

Tさん　それが今じゃギリなんだから情けない。

――受験自体はどうでしたか。6年生のときの大変さっていうのは…。

Iさん　とりあえず塾のカリキュラムに乗って、本人なりにやっていたんだよね。

Mさん　与えられたものがあって、とにかくそれをこなしてこなしてこなしてっていうのがあったから。それさえこなしていれば。

Kさん　多分、こなすものがなくなったときに方向が見えなくなっちゃった。

Tさん　今行っている学校は絶対無理だと思っていたので、本当に棚からぼた餅。最後の馬力だけで入ったみたいな感じだったんだよね。

――ところで、お子さんはどんなタイプ?

Mさん　ひとことで言えばうちは女なのに男。ボーイッシュだし。なんだか知らないけれど、すごく前向きなんだよね。なんでこの子はこんなに落ち込まないいん

だろうって思うよ。親のほうがずーんとなっているのに、この子はへのかっぱって感じ。寝ちゃえば忘れちゃう。普通この成績みたら、落ち込むだろうって思うんだけど。

Tさん　うちはボーッとしてる。なのに負けず嫌い。でもって臆病者。

Iさん　うちはね、やっぱり基本的につめが甘い。だから授業についていけないとか、授業の内容がわからないとか、そういうことはないのね。とりあえず、あーわかったわかったって一応納得はするんだけれど、その先の一番大事なところを聞かないで帰ってきちゃうのよ。で、その大事なところがテストにでる。

Kさん　そういうのができる子とできない子の違いだよね。

Iさん　こういう状況を打開するために何をしなきゃいけないかを、親は必死に考えるのに。

Tさん　なのに我が子は他人ごと（泣）。

Mさん　そうそうそう。

Iさん　成績もそう。

Kさん　人のせいにしたりして、ね～。もしもし誰の話をしてるのか知ってますか？　って聞きたくなるよね。

――ではそろそろ核心に触れちゃおうかな。現状について教えてください。

Iさん　教えたくない（笑）。うちもやっぱり第一志望ではなかったとはいえ、棚ぼた式の大学付属。対策も何も全然しないまま、ホイって受かっちゃって、ホイって入っちゃって。入ったら入ったでぬるま湯のような状況で。でもそのぬる

Part 1

中間テストまではパラダイス！

ま湯は結構つらいぬるま湯で。確かにそこにつかっているとピカピカに磨かれるぬるま湯なんですけれど、力量のない子は「湯あたり」を起こしてしまう。

とにかく、遊んでいるようでも、勉強はできる。余裕で遊んで暮らせる子と、ギリギリで入った子が同じようにやるとどうなるかと。1年の1学期にひどい成績をもらってきて、2、3学期は本人的にはがんばって平均ちょい下くらいまで持っていって。でも、総合でボーダーにちょっと欠けてしまった。そうすると進級会議に呼ばれちゃうわけ。

Kさん　え――――、まさか中学で進級できない人なんているの？

Iさん　いるのよ（泣）。

Tさん　げ～～義務教育じゃないの？

Iさん　外には出されないまでも、はい、もう一度1年生のカリキュラムからやりなさいよみたいなことにはなるわけ。

Tさん　うちの学校もあまりに悪ければ、中2が終わった時点で、もしかしたら、このままお別れですよって言われるかもっていう話はある。

――カトリックの学校で入学式に「みなさんは神様に選ばれた方たちです」って言われて感激していた母が、中間のあとで「神様は後悔なさっています」って言われたという話を聞いたことがあるんだけれど、初めての中間テストはいかがでしたか。

Mさん　中間テストは試験勉強をやらずに受けたわけじゃなかったのに、すごかった。まあ、1年の中間って範囲も短い

し基本的に一番簡単な時期ってこともあるんだろうけれど、平均点自体がすごく高かったのには驚いた。だってうちの子、英語80点だったのに、補習組なのよ～。うちの子ができないんじゃなくて、みんながいかにできるかなんだよね。

Kさん　開けてびっくり？

Iさん　親がびっくり、子もびっくり（笑）。うちも一応の覚悟はあったんだけれど、突きつけられるからね。世の中には頭がいい子が多いんだなと。本人も小学校までは頭がいいと勘違いされてきているし、先生からも一目置かれて、勘違いしていた部分ってあるわけ、それがどうだ、中間終わったら一番頭悪いみたいなふうになって。

Kさん　悲しすぎ（泣）。うちの場合は入って1年は、順位とか全然でないから、なんかまわりも遊べ遊べっていう感じなんだよね。受験勉強ばかりして、おかしくなっているから、1回ふ～ってゴムをゆるめてから、張り直しをしないと、絶対曲がった子ができるから、はい遊びましょうって言われるの。でも、それってよおく考えると平均より上の子に言っているんだよね。

Tさん　でも受験が終わった時点で、すでにのびきってたんじゃない？

Kさん　そう、十分ね。

――中間テストが終わって驚く母は多い。でも深海話はこんなもんじゃ終わらない。（PART2　190ページに続く）

PART2に続く

イカ頭巾ちゃん劇場

不公平

1

先生：滝沢、分度器はどうした？
タケル君：あっ、すみません。忘れました…。

2

タケル母：…というわけで、この間の中間、95点取っていたのに、10点も引かれてしまったんですって。さすがに悔しがってたわ。
ミカちゃん母：私立って忘れ物や課題未提出のペナルティ、結構厳しいわよね。

3

オサム母：今日の英語のテストどうだった？

オサム君：本当は35点だったんだけど、ノート出し忘れてたから、10点減点されて25点だった。

4

オサム母：なんですって！？　そんな！誰からも一律10点引きなんて、（ただでさえ、点がないのに）不公平よ！所得税だって累進課税なのに、どういうことかしら。

第5章

夏休みの前に

こっこっこんなはずでは、って思っている母のなんと多いことよ。まったくもっていろいろとやらかしてくれよって。おまけに夏休みも補習!? はぁぁ、いつまで経っても母は楽になりません。でもね、いいじゃありませんか。アホな子ほどかわいいっていうし、心配かけられているうちが多分、華なんです。

7
July

早く人間になりたい

たとえ子どもを大学付属に押し込もうとも受験はなくならない。

なぜなら英語検定をはじめとする漢字やら数学やらの各種検定試験を受験させる学校が多いからだ。やっとのことで受験が終わったと思っていたのに、入学早々から「さあ検定試験に向かってがんばりましょう！」なんてかけ声がかかるので親は「またか、やれやれ」という気持ちになってしまう。

中2から英検3級にチャレンジしているものの4回目も残念な結果に終わった子の母が言う。

「あ〜、これで修学旅行はお留守番決定だわ。学校が秋までに3級に受からなければ旅行には連れて行かないって言ってるの。自業自得だし、私が行くわけじゃないから別に行けなくてもいいんだけど、旅行の積立金は返してくれるのかなあ？　こんなことって最も先生に聞きづらくない？」

「あ〜あ、なんか考えるだけで暗くなる。保護者会でも肩身が狭いわよ〜。皆はさ、ドンドン『お先に』っていち抜けたをしていくでしょ。まあ2回目くらいは笑って話もできてたんだけれど、3回目もダメだったときは『家のはタマタマ勘が冴えてただけ。アミちゃんはタマタマ運がなかっただけよ。今度こそ大丈夫よ』ってすでに合格している母たちがそう言って慰めてくれたもんよ。でも4回目ともなると『ご愁傷様』の雰囲気が漂ってみんなが気を遣ってそのことには触れなくなるの。

で、違うグループに顔を出したら英検の話をしてたのよ。『難しいわ〜。受からなくても仕方ない』ってみんなが口々に言ってるから、もう嬉しくなっちゃって『ついに出番よ！』って感じで『そうでしょ？そう思うよね？』って言ってたの。途中から何か変だな〜とは思ったんだけど、なんとそこは英検準1の話をしてる帰国軍団だったの。

おまけに『え〜？　3級は誰でも受かるんじゃないのぉ？　さすがに1次は受かってるんでしょ？』とか言われちゃって『受かってない!!』って怒っちゃったわよ。帰国軍団に当たっても仕方ないんだけどさ、もうホントに力抜けちゃって。ひとりだけ仲間はずれになった気分を久々味わったわ」

学校も中学修了までには、これは○級こっちは○級という具合にプレッシャーをかけてくるので母としては「取らなければ先に進めない」ような追いつめられる心境になるのだ。

ある母はこう言う。

「家なんかヒドイもんよ。本人にまったく受ける気もないもんだから検定料のことすら私は知らなかったわけ。そしたらある日、担任の先生から電話がかかってきて『あの〜、大変申し上げにくいんですが、お子さんの検定料をずっと私が立替えしとるんですが……』って言われた日にはよ、受話器を持ったまま床に頭をつけて謝りまくりよ。当然娘を怒鳴ったわ。人様からお金を借りてそのままにしとくとはなにごとか！　って。そしたら娘は反省のカケラもなくこう言い放ったの。『あたしはどうせ落ちるから受けないって言ってるのに先生が勝手に申し込んじゃったんだよ。勝手に申し込んだんだから払う必要ない！』って自分のアホを棚に上げて、そんなこと言ってるのよ。もう情けないやらなんやらで」

側で聞いていた別の母がこう言った。

「エー!?　受けさせてもらえたの？　羨ましいよ。家なんかね、子どもにお金を握らせて先生のところに行かせたのよ。そしたら先生、何ておっしゃったと思う？　『この大事なお金を無駄にするわけにはいかないから君は受けなくていいよ』って。言葉はやさしいんだけど、要は体よく断られたってことよ。学校の先生に受験拒否に合うってすごくない？　受けさせてもらえるだけでもありがたいと思わないと……」

このように結果どころか受ける前から右往左往している母も多い。母の心配が通じるのか各種検定対策と称して補習プログラムを組んで対応している親切な学校もたくさんある。

補習といえば公立も含めて今ではかなりの学校で頻繁に「居残り学習」というものを行っているようだ。先生様たちも何とか「落ちこぼれ」を救ってあげるべく日々がんばっておられるのであろう。小テスト→補習→追試→補習→追試→補習と「エーイ！　これでわからんか！」「これならどうだ！」と先生が球を投げ続けてくださるような学校の話もよく聞くので、先生という職業はつくづく忍耐力の要るものである。

やらされる側の生徒にとってもテンコ盛りの課題と日々格闘していかなければならない状況は教師の嫌がらせに映るのかもしれないが、長時間の授業に耐え、洪水のような宿題に耐え、さらにありがたい補習講義に耐える。教師、生徒双方にとって学校というところは「忍の一字」という側面もあるだろう。

それゆえ、どの学校おいても、どうしても馴染めずに登校できなかったり、結果としてドロップアウトしてしまう生徒がいる。

りんこは中堅と言われている女子校の先生に「学校をやめる子は何が理由か」と質問したことがある。その先生は誠実にこうおっしゃった。

「『本当はここには行きたくなかった』とか『自分にはここは合わない』と言う子ですね。でもこの『合わないからこの学校ではなく違う道へ』という〈選択〉ができるという子はある意味すごい成長なんだと思うんです。自分はこうなんだ！　こうしたい！　っていう気持ちがあるってことは自分の人生を自分で選んで進むってことですから。学校には子どもたちが自ら選ぶ力を育て自立を促す役割があると思います。そういう意味で最終的にこの学校ではなく違う道を決断した子には精一杯のエールを贈ります。しかし、そこに行き着くまでには毎日と言っていいほどの面談や家庭訪問が繰り返され、話し合いを重ねに重ねます。本当の子どもの気持ちが、子ども自身に親御さんに我々教師にわからなければ決して見放すようなことはしません。不登校であっても、髪の毛の色が変わってしまったとしても、その子なりに懸命に何かを捕まえようともがいている成長の過程なんです。親御さんの多くはこういう状況に直面されると泣かれますが、長い人生からみるとその子にとっては必要な時間だと思います。待つことは忍耐がいることですが大事なことなんですよ」

この話に感激して高校生の子どもを持つ友人に報告した。彼女はため息と共にこう言った。

「家なんて呆れるくらいの面倒見の悪さよ。何か問題があれば、その子はいつの間にかいなくなってるし、原因も明らかにされないからよけいに怖いわ。家も他人事じゃないのよ。携帯没収事件で私が取りに行ったばかりだし。しかも反省しないし。いつどこでどうなるのかまったく安心はできないわ。もう私なんて年々忍耐度数は上がりっぱなしよ……」

学校によってもカラーはいろいろではあるが、共通することは母にとって子どもの学校は忍耐を要す場所になりやすい。

中1母なら「補習のお知らせ」の紙が舞い込んでこようものなら「ああ、ついに落ちこぼれたか」と慌てふためくこともあるだろう。ある母は中1夏休み初日に気絶しそうになったという。彼女は手際が良いので終業式直後には制服をクリーニングに出してしまった。彼女にとっては当然の行いで「バイバイ夏服、9月にまた会おうね」状態だ。しかし、その夜、お呼び出しのプリント発見。「夏期特別補講のお知らせ（成績不振者用）」と称されたプリントにはこうあった。「制服着用のこと」

ひょえ～!?　と叫ぶも時すでに遅し。しばしの間、真夏というのに、やむなく冬服で参加と相成った。先述したが、こういう時の備えとして長期休暇中のクリーニングは焦らずゆっくりやるべきなのだ。同じく長期休暇中の危機管理としては「長期休暇の始めと終わりには旅行は避けろ」を挙げておく。いつなんどきのお呼び出しにも「いざ鎌倉」で馳せ参じなければならないのである。下手に旅行の日程などを組もうものならキャンセル料も含めた（コイツがアホなせいで楽しみにしていた旅行はつぶれるは、金は取られるはといった）精神的ダメージが大きくなる。

いずれにせよ、我が子が「アレ？　魚類？　エラ呼吸？」という深海魚状態に陥ってきたら母も「忍の一字」となる。ありがたいお呼び出しやら特別補習やらを受けるたびに母は「早く人間になりたい！」と叫び、そのうち「もう人間じゃなくてもいい！　肺呼吸なら」に代わり、もっと進むと「あ～、この際アサリでいい、アサリで！（もぐることもあるが浮上することもある）」と叫び、さらに症状が進む場合「同じ水槽に入れておいてくださるなら、いいじゃないの深海で。姿が見えなくたってどっかにはいるわよ。大丈夫、死んだら浮いてくるから、姿がないのは元気な証拠」と達観する。

ここいらあたりまで悟りを開くことができたなら、子どもは深い海の中で結構自由に泳ぐらしい。

「私、自分を自分で褒めたいね。いまだかつてここまで長く補講を受け続けた生徒が存在したでしょうか？　もうこうなると古文の呪文なんてスラスラよ。き／けり／つ／ぬ／たり／けむ／たし／連用形。もう、すごいとしか言いようがない！　結構、補講はコンパクトにまとまってていいんだよね～」

現代っ子は補習ごときを恥ずかしいとかは思わない。海の深さ、陸の高さはそれぞれなれど母も子も明るくいけば、その未来もまた明るいものであってくれるんじゃないのかなあと希望的観測をしている。

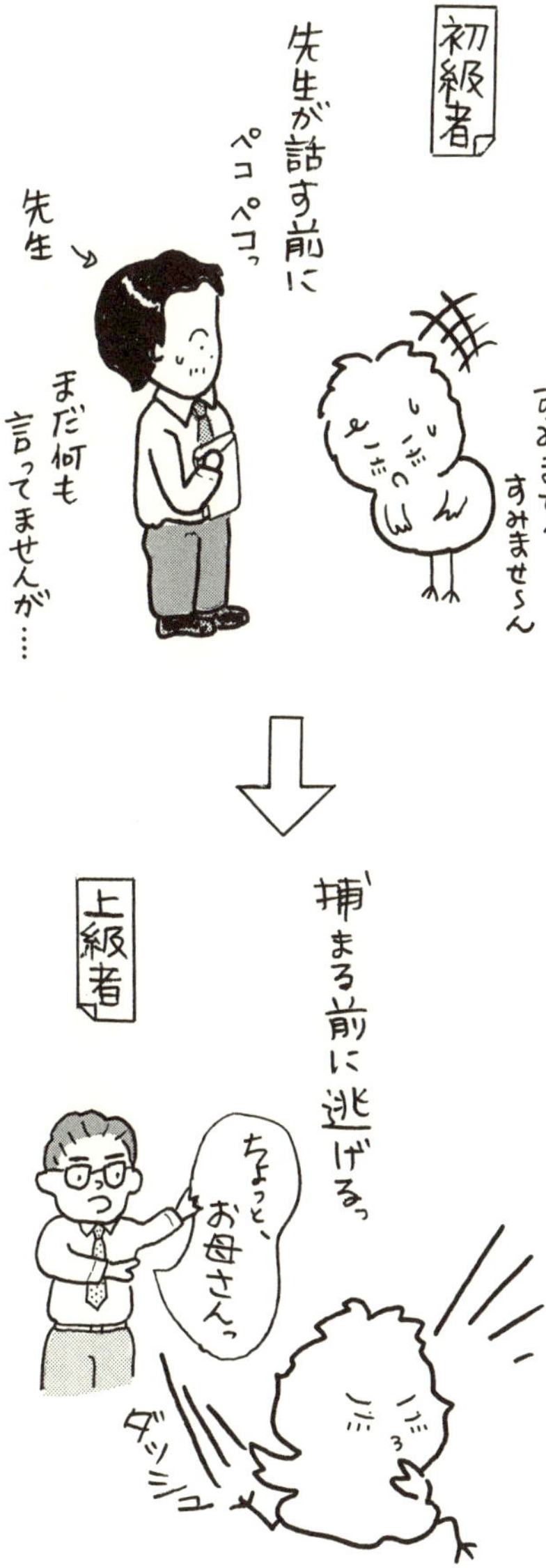
初級者
先生が話す前に
ペコペコっ
先生
すみません
すみませ～ん
まだ何も言ってませんが……
上級者
捕まる前に逃げるっ
ちょっと、お母さんっ
ダッシュ

7
July

子どもたちは中学校で何を見つける

昔、中学生だったおやじ、あるいはほんの数年前までは中学生だった若者と話す機会がある。聞いてみるとみなさん、中学、高校といろんなことをしでかしており、思わず爆笑してしまうこと度々である。「中学高校でどんなことが流行ったの?」と聞くと、それこそしょーもないことばかりが飛び出す。「男ってほんとアホよね～」って話ばかりで感心させられる。

「授業開始直前にクラスの生徒全員を隣のクラスとそっくり入れ替えて先生の反応を楽しんだ」とか「クラス対抗、階段手すり滑り降りタイムレースをして骨折しました」とか「クラス全員がワザと後ろ向きに着席して入ってきた先生をびっくりさせた」とか「トイレの個室に何人入れるのかを夢中で競った」とか「屋上から誰の唾がまっすぐ地面まで落下するかで引力の実験をした」とか「廊下をワックスでピカピカにしてからバットぐるぐる走りゲームを全員でやった」とか「寝ているヤツがいると必ず隣のヤツがつついて『78ページ!』とウソを教え、慌てて飛び起きて読むのを楽しむ」とか「飲み終わった三角牛乳にストローをさしたままいかに速く回すことができるかを競った」とか「上履きを投げるのがブームとなり、窓から大量の上履きを降らせた」とか「ジャージズボンを着てるヤツを片っ端から脱がせて歩いた」とか(書ききれないのでもう止める。活字にしたら学参書で有名なG研さんに怒られるような話ばかりだし…

…）もう出るわ出るわで、一体この人たちは学校に何しに行ってたんじゃ!? と大笑いになる。

この話をしてくれたおやじたちは働き盛りである。つまり世間的には分別ついているはずの立派な社会人であり多少だが地位も名誉もちょびっとある。よって当然このおやじたちは社会常識を身につけた24時間戦い続けている勇敢な戦士なのだ。

しかしだ。その立派な鎧をはいでみると実態はこんなもんである。若者よ、つまりだ。そんなに焦らなくても人生は何とかなるのだ。今がまったく全然ちっともなーんにも面白いことがなくとも構わない。面白いと思うのは後から思うのであって現在進行形で面白い時代を生きているときには、それが面白いのか面白くないのかもわからないような変な時間を過ごしているのだ。「いや～バカやった」とか「ホントに俺らはアホだった」とか「あたしもずい分なことしちゃったかも」と思ったときにはじめて「ああ、あんときゃ面白かった」と思うもので、そんときは相当年を食ってしまったあとなので、今の若者である君たちが「おもろい！」とか思わなくても無理はないのである。

あなた方は編集者という職業を知っているだろうか。いわゆるマスコミ系であるがゆえ一見お洒落で華やかそうな人たちに思える。どの職業もそれで生計を立てるというのは結構厳しいものであるのだろうが、この業界はハンパなく丈夫じゃないと務まらない。体を壊してるっちゅーのにやっぱり飲む。病院に行って来ると午前中に消えたはずが夜は飲んでる。だっから具合悪いんだったら年寄りが無理をしないで仕事をそこらの若い兄ちゃんに押しつけて休めば？　と言ったら「（自分自身が若い）そこらの兄ちゃんですからッ！（休まないよ～。あっかんべーー！）」と返されるのがオチなのだ。

眠らなくても平気な体力を保持し続けているから世の人は全員そうなのだと思っているに違いない。あるデザイナーは寝るときは泥のように眠るため何があっても起きないという強い志を持って寝る。それゆえ顔の上に飼い犬がウ○チをしようとも意識不明のままである。若者よ、恐れ入ったか、そういう業界なのである。ある編集の人からこう言われたことがある。

「大学で全優（オール5ってこと）取ってた男なんかとつき合いたいと思う?」

いや、つき合うもなにも、そんなヤツ知り合うどころか見たことないし、いるなら1回紹介してくれ！と思うくらいで、会ったら意外と話が合うかもしれないし、ホレ、あっしは頭が良ければ良いほど好きなわけで、なんでそれを真っ向否定するかな。

しっかし若者よ、ここいらあたりがこの業界の人たちの強烈なアイデンティティーの成せる技なのだ。ここらの人たちは強烈な個性に溢れている。つまり相当面白い若者時代を過ごしているのだ。君にもわかりやすいように言おう。つまり、今この業界人は「オール5」のヤツを全否定したのだ。わかるかな?学校では成績が優秀であればあるほど「うぉー！」と優秀じゃない者たちから羨望の眼差しで見られ「一番様、ノートのお恵みを」という具合に一目置かれる存在になる。当然、教師、親からの受けも良い。成り行き上その人物はとっても素晴らしいと言われる大学の学士さまとなり末は博士か大臣かにお成りあそばす御方である。その学問の王道を通ってきたであろうその人物を「おもろくない」という理由だけで全否定しちゃうのだ（もちろん、その人たちすべてが魅力的じゃないという意味ではないので念のため）。「仕事」とか大きく言えば「人生」とかは学校のお勉強だけでは計れないものがあるんだよと言っているのである（だからと言ってお勉強を無視していいという話ではないからユメユメ間違えないように、とくにそこのT太君（匿名）！）。

つまり、何が言いたいのか。人間は「餅は餅屋」という言葉があるように職種によってもカラーは違う。人には必ず持って生まれた才能とか味であるとか魅力が備わっているものだとオバさんは考える。それは平たく言ってしまえば「何が好き?」ということなのだ。好きということはイコール向いているということだ。これを探そう。チュー坊（嬢）である君たちには簡単には見つからない。そこらのオジさんだってオバさんだって、もっと言えば100歳のご老人だって「私は何が好きなのかな?」という生きがいを追い求めて生きているのだ。

今、何が好きで何が向いているのか若者である君たちが決める必要もない。ゆっくり探せばいいのだ。ただ頭の片隅にちょいとだけ入れて置くほうが断然いい。何も考えない者には時間はアッという間に通過する。そしていよいよ「これが好きかな?」と思うものが見つかったら、とりあえずは食いついてみよう。「好きなもの」がある人の人生は強い（先ほどの業界人たちが強いのもそのせいだ）。それは学問であるとは限らない。かけっこでもお絵かきでも何でもいい。少しでも興味が持てるものがあったら手を挙げよう。そして声に出して言い続けるのがいいのだ。言葉にして「私はこれが好き!」と言い続けたときにチャンスの神様はきっと来る。神様が通過したら次の神様を待てばいい。けれども「好きなこと」を探すのを止めてはいけない。そのことだけをちょいとだけ頭に入れながら「あ〜、やる気ねぇ」とか「あ〜、たりぃ」とか「あ〜、うぜぇ」とか毎日思いながら生きればいいのだ。

「俺、こんなダルダルしてて何やってんだか」と思いながらファミレスのドリンクバーで得体の知れない飲み物作りに励んでいいのだ。そんなことができるのは今しかない。堂々とバカなことをやり続けて、人は大人になっていくのだ。

7
July

期末テストを終わってみれば夏期講習に速攻電話

電話が鳴る。

「私、天才大学優秀学部に在籍しております出木杉と申します。お宅のお子さんに家庭教師の指導はいかがでしょうか」

出木杉君は例外なく有名大学に在籍しており団体で活動することが多いらしい。

「実は天才大学の学生を中心とした家庭教師をするサークルでして今回そちらの方面に講師を紹介しておりますが、今なら腕利きの家庭教師の派遣が可能ですが……」

りんこはほぼこう答える。

「ごめんなさいね。家は一貫（校）ですので必要ないんですのよ。ドファヤファヤファヤ」

敵もさる者でこう攻めてくる。

「いえ、お母さん。一貫校さんは進みも速いですから余計にお勉強は大変ですよね？」

ここで答えが分かれる。ほっといてもできる子どもを持つ母はこう答えるのだそうだ。

「ごめんあさ～せ。宅のはブッちぎりに優秀ですのよ。今のところ必要ございませんわぁ。なんなら拙宅《せったく》がどなたかにお教えして差し上げようかと思うくらいですの。おーほほほ」

この勝ち誇った声。電話勧誘員じゃなくとも電話をぶった切りたくなる。しかし、子どもが優秀であったならば何らうろたえることはない。ありのままをそのまま教えて差し上げれば良いのだ。一方子どもが優秀からはちっとばかし軌道がずれてしまっている場合。この場合でも母の肝が座っていれば問題ない。

「まあ、天才大ですの？　後輩ですわ（↑誰の？）。でも、あたくしから言わせればたいしたところではございませんわ。家の子をわざわざ指導していただくような大学ではございませんことよ。では失礼」

と超一流大学を一刀両断にぶった切ったりしている。さらに上手になると、

「まあ、天大さんですの？　じゃあ英語をお願いしたいですわ。これから英語で話してくださるぅ？」

などと答え、イタイケナ若者との束の間の会話を楽しむ昼下がりにするのだ。

それに対し、子どもも自分も優秀でもなく忙しくもない昼下がりを過ごすマダムりんこはこの若者たちの畳み掛ける攻撃に防戦一方になる場合がある。

「お子さんの期末試験の結果はいかがでしたか？」どよ～ん。

「お任せくだされればレポート提出等のお手伝いもさせていただきますし」エッ？　ホントに？

「もちろん最初に目標と決めたラインよりも上の順位となるよう責任を持ちます」

そーなの？　そーなの？　絶対だね？　今、約束したよね？　ホントに上げてくれるんだよね？　家の子を上げられるもんなら上げてみんさい！　もう今すぐ上げて！　早くして！　って必死にこっちが畳み掛けてどーする！　っていうくらいの勢いになるのだ。

しっかしいろいろと聞いていくうちにとんでもないことに気がついたりする。天才大学の家庭教師さんをお頼み申し上げるにもボランティアではないので当然お布施は必要だ。しかもこれを払うと学費が払え

なくなるほど高額なのが問題なのだ。結局、りんこは最後にこう言う。

「ですからぁ、家は一貫（校）ですので（今まで散々塾に搾り取られた挙句、受験料だ入学金だ学費だ定期だナンダカンダって、もうスッカラカンでホントは必要なんですけど）必要ないんですぅ。シクシク」

すると、このどよ～んと沈み切った声に天才大の学生さんも生気を吸い取られ受話器を置く。

このような勧誘電話は実に多いが、こういうチラシ、ダイレクトメールも含むお勉強系勧誘を笑い飛ばす、または毅然と断れるうちは母も極めて正常な神経であると医学的にも診断されよう。しかしである。いとかよわき者、簡単に正常から外れていくのだ。情緒不安定の初期症状はこうである。ぜひあなたもチェックしてみてほしい。
☆　朝刊に入っている「入会時、○○中2年A君中間35点↓期末85点BY落ちこぼれ専門塾」等の塾チラシを捨てることができずにいる。
☆　学校前で配られる「○中専門、各種レポート＆各教科のご相談は当塾へ」の数枚のパンフはお守り。
☆　母ネットワークは大切だとつくづく思う。
☆　定期考査直前には個別をつけるべきか否かで真剣に悩んだ。
☆　憶える気もまったくないのに、いつの間にか塾の名前に精通している自分に愕然とする。
「星3つ（以上）いただきました！」になった母。かなりきている。

こと母ネットワークを大切に考えている奥様は重病になりやすい。

「家はね、もうここに入れちゃったよ。数学、ホントにすごくて……」なんて教えてくれた点数が我が子よりも遥かに良かったりするとアッと言う間に鉄分欠乏症に陥る。「家の子さ英語がダメだから、ここに入れたの。そしたら結構マシになってね」なんて声を聞くだに動悸、息切れ、胸騒ぎ。

「そこいくら？　えー？　高くない？　こっちは週2で3時間、月謝はね」の言葉に気持ちグラグラ。

誰かひとりがその塾で少しだけでも成果というものを見せようものなら芋づる式にその塾は「△×中」の御用達になってしまう。母ネットワーク、侮りがたしなのである。

え〜!?　やっぱ一貫校行っても塾に行くの？　それって有名塾の指定校に選ばれる学校の生徒だけじゃなくて？　それって入ったばかりなのに、また塾生活を延々とやっていかなくちゃいけないのぉ!?　え〜？　え〜？　え〜？　と驚く母。あなたが正しい。

小学生のうちから散々塾に行かせてやっとこっさ突っ込んだのだ。これからは伸び伸びと子どもは子どもの道を進んで行ってもらいたいと母は誰でもはじめはそう思っている。学校側だって塾に行かれるなんて指導力不足を疑われかねないことになるので賛成しないどころか反対であろう。

「Wスクールになってもいいことはひとつもありませんよ。それより日々の授業を聞き課題をきちんと提出しなさい！」

当然だ。学校が正しい。学校だって親切モットーで長期休暇中に補習を組むところのほうが多いくらいだ。しかし、これまでWスクールのような状態で数年間を過ごしてきた母たちには塾への抵抗感は薄いのだ。余力を持ってのお入学組でもヤットコッサ組でも、はたまた余裕があったはずなのに沈んでしまったマサカ組でも夏期講習受付の時期になると母の手が受話器を握る。

「だってほっといたらなーんにもしないわよ！　ただ寝てるだけの休みになるわ！」

かくて塾産業は潤い、子どもの夏は宿題に補習に塾に部活にと消えていく。

Part 2 深海サミット開催される！

——中間テストが終わって、そろそろお子さんの状況がわかってきたと思うんですが、最近はどうですか。

Tさん　なんか最近は生活習慣について怒ってるよね。もう小学生じゃないんだから、自分のことは自分でやってほしいんだけど、放っておいたら放っておいたで、宿題も出してない。先生にもっとちゃんと言ってくださいってお願いしたいわ。「私はこれとこれとこれを宿題に出しましたから、お母さんチェックしてください」って言ってくれればいいのに、面談で初めて提出物を出していませんよ、宿題も出していませんよなんて言われたって遅いって。げ〜、今学期もう終わっちゃったじゃんみたいな、ね。

Mさん　うちの子の筆箱にメモがちっちゃくたたんで入っていて何時何分職員室に来てくださいって書いてあった。なんと1年にして職員室、呼び出し！

Kさん　うちの子も何回も言われた課題をやっていかないんで、この日必ず来なさいって赤字で書いてあった。でも行ったかどうかもわからない。

Iさん　テストで平常点っていうのをもらうじゃない。でも提出物を出さないと平常点がもらえないわけ。出せばプラスで、出さないとマイナス。点が悪いのにマイナスになって、もう何でもいいから出せよ〜って気持ちわかる？

全員　わかる、わかる。

Kさん　提出物を出すっていうことを知らなかったわけじゃないんだろうにね〜、ちょっと脳みそ1回見てもらってきて、って言っちゃったわよ。

Tさん　うちの子は記憶障害だって真剣に思ってる。ネットで調べたもの、ホント。

Mさん　私も調べた！

Kさん　素で忘れるからね、ある科目で赤点を取って赤点の子は終業式の日に集まりなさいというお達しがあったわけ。でも行き忘れてるから。５分前に聞いたことがもうスポーンっと抜けてるからね。学校から電話があって、お子さん来てないんですけれどって。先生様はご立腹ですと。来た子には平常点をあげられるけれど、これでは平常点もあげられませんって、こうよ。テストの点数がないんだから、平常点で稼がないでどうする！

Iさん　でも電話してくれるだけいいよ、面倒見がいい。うちは電話すらしてくれません。

Tさん　でも電話はこわい。子どもが夕方になるとビビるもん（笑）。

Mさん　夕方6時は魔の時間よね。

Tさん　あとね、毎日ファックスが来るのよ〜、先生から。○○君、ノート提出していません、明日持ってくるようにって。先生の優しさだと思うのよ、思うんだけど、え〜でも明日って冬休みじゃん、みたいなね。それでうちのバカ息子は旅行に行っていませんとなると、もうどうすんのよって気分になるわ。

Iさん　旅行の日程は立てられないわ。

Mさん　いつでも学校にいけるようにスタンバイ。

Tさん　そう、それが正しい深海魚としての態度よね（笑）。

――せっかく私立に合格しても、母の悩みはつきないものなんですね。

Part 2

中間テストが終われば地獄の2丁目

Tさん　最近の私の口癖知ってる？

Mさん　えっ？　なに？

Tさん　〝ヤバイよ！〟

Mさん　あーうちも。〝マジヤバイよ！〟

Kさん　〝とんでもないことになるよ！〟とかね。

Iさん　うちの場合は〝あがれないよ！〟っていうのもある（笑）。

Iさん　中学や高校になっても毎日毎日怒られてるんじゃ、本人も確かに何のためにあんなにがんばったのかわからない、と思うよね。

Kさん　勉強しろとかバカとか、受験中もさんざん言ってたけれど、中学になってからは私のほうが荒れてた。壁に向かってタオルを打ちつけて、ひどい言葉はいてた時期もあったわ。

Mさん　こんな戦いのために入れたんじゃないのに。

Tさん　子どもにも葛藤があるのかもしれないね。思春期とかに入ってくるじゃない。君は将来何になりたいのって聞いたわけ。そうしたら、泣きながら何になりたいかわからないっていうの。将来像も描けないし、何をやっていいのかわからないし、とにかく自分がどうなっていくのかわからないし。それで、あー追いつめちゃったかなって思った。

Iさん　切ないやねー。

Mさん　でも追いつめない親なんていないんじゃないの？

Tさん　うん、それで、先生に相談したわけ。また追いつめちゃいました、わたし、って。そうしたら放っておいてくれって、あんたがつぶすからって言われた。

Kさん　お互い揺れてる。子どもを真ん

中に先生も揺れるし、親も揺れるし。

Mさん　やっぱり手のかけすぎが失敗？

――タイムマシンがあって将来の姿がわかれば親は揺れない？

Iさん　今はこんなだけれど、見事東大文一に現役合格です！　とかわかればそりゃあ揺れないわよ。でも実際には親にもそれはわからないから。放っておいたほうがいいのはわかっていても、放っておいたらもっと何にもやらないんじゃないかっていう葛藤があってね。

Mさん　確かに出口が見えないっていうのはあるよね。

Kさん　中学受験して、これで良かったかなんて結局誰にもわからないじゃない。

Tさん　この間、担任の先生とダメな子との面談があったんだけれど、先生に何を言われた？　って聞いたら。夢中になるものを探せって言われたんだって。毎日の目標、一週間の目標、一ヶ月の目標、一学期の目標というのを決められるように、何か打ち込めるものを持てって言われたって。考えてみれば何も打ち込めるものがない。部活に打ち込んでるんでもなし、趣味があるわけじゃなし。

Kさん　パソコンとゲームじゃね～。成績が悪くてもそういう打ち込むものがあるんだったら、それでいいのにね。

Iさん　何に対しても気力がないっていうのが、問題かもしれない。

Kさん　あと問題なのは友だち。深海魚は深海魚でつるむじゃないですか。おまえもか、俺もだよ、あはは終わっちゃう。うちのアホ息子に、トップグループ

Part 2 中間テストが終われば地獄の2丁目

の子どもたちと友人関係を作って欲しいよ〜って言ったの。そうしたら、どうすればいい？　っていうから、自分から積極的に自分の良さをアピールせよって言ったのよ。ものおじしてないで話しかけていって、扉を開いて人間関係を作っていってほしいのに。

Tさん　でも、うちの子はトップの子には怖くてとても話しかけられないって言ってたわ（笑）。

——では、ほかにいまお子さんに望むものはなに？　たとえば学校のなかで平均点を取ってほしいとか。

Tさん　そこまでは望んでない。

Mさん　平均点のすぐ下くらい（笑）。

Iさん　こういう分布図の……

Mさん　多いところ、人ができるだけ多いところ（笑）。

Kさん　いきなりトップ狙えなんていうのは、ノーベル賞を取れ！　というのと同じだから。

Iさん　無事卒業よ、とりあえず。

Kさん　私立は内申とか関係ないでしょ。6年間かけて自分の好きなことをみつけてほしい、じっくり考えてほしいと思って行かせているのに、なんか目先の提出物を出していませんとか平均点取れませんでしたとか赤点取っちゃったとか。

Tさん　それに追いまくられちゃうの。

Iさん　そうそう、それに追いまくられて、また出してない！　ってなったときに、それじゃあ、環境問題のレポートは私が資料集めるわよ！　みたいになっちゃうから、当初の壮大な、私立に入れた目

標が達成できないジレンマがあるのよね。
Mさん　本当は放っておかなきゃダメだっていうのがあるわけでしょう。本人が気づくまで放っとかなきゃダメっていうのが。自分でやらないと何にもならないってわかってるんだけれど、中学受験を二人三脚でやってきた母に、それができますか？　って言われたら。
Kさん　できない。
Tさん　別にいいわよ、宿題しなくても赤点でも、特別に卒業だけはさせてあげますっていうんだったら、別に大学行かなくてもいいから。でも、今放り出されて中卒ですっていうのは、やっぱり困る。
Mさん　せめて大学中退まで。
Iさん　1日だけでも行けば中退になるからね。
Tさん　やっぱり大学に放り込むまでだよね、最終的には。
Mさん　ということはあと、5年間も6年間も親がかり？
Tさん　でもかかりきりになるのにも限界ってものがあるじゃない。高校生の男の子に親がつきっきりで勉強教えられるわけないでしょう。
Mさん　だよね。どっかで目覚めてくれ〜ってやっぱり思うよね。
全員　ホント、子育てって難しい。とくに深海魚の母の前途は、厳しいわ〜。

全国の深海魚及び予備軍の母のみなさん、こう言っちゃなんですが、この子たちの子育てほど、スリリングでエキサイティングなものはありません。母の悩みはつきませんが、大丈夫、きっと未来は、薔・薇・色です！（ホントか？）

イカ頭巾ちゃん劇場

白い雲

1

オサム君：僕、こんな調子でこれから本当に大丈夫だろうか。

2

キミジマ君：オサム君、見てごらん。ほら、空がこんなに青くて高いだろう。

オサム君：う、うん……。

3

キミジマ君：そしてほら！あそこにあんなに大きな白い雲！

オサム君：ほんとだ！

4

キミジマ君：だから大丈夫、そのうちなんとかなるんだよ。

オサム君：……そうだね。

「本当になんとかなるかは、わからない」完。

第6章

つまり結論

そう、中学受験は決してゴールじゃありませんでした。第1志望に合格したからって安心なんてできないし、全落ちしたからって別にこの世の終わりってこともない。要するにこれからです。子どもたちには無限の可能性があり、母の出番はなくなります。さあ、そろそろ母は母の道を行こうじゃありませんか。

9 September

たおやかに、しなやかに

18時の電話のベルに怯える母がたくさんいる。18時は先生様がダイアルに手を伸ばすころ合いなのだ。学校からのお電話というものは120%良いお報せということは有り得ない。何かの問題がそこに確実に存在しているからこそのご連絡なのである。そのためナンバーディスプレイが子どもの学校を表示しようものなら、そのままバックレを決め込んでいる母もいる。あまりに恐ろしくて電話を取るに取れないのだ。

「B君のお母さんですか？　担任のホーコク・オオスギですが、ちょっとよろしいですか」

「いえ、よくありませんの」

「いい？」「よくない」というキャッチボールを繰り返す。

「お母さん、頼みますから言わせてください！」との先生様の哀願に「お願い、言わないで！」と叫んだ母を知っている。

その息子は手を骨折しているにもかかわらずサッカーを廊下でした挙句、勢いあまって階段を落下。今度は足首を捻挫した、しかもその時間は本来ならば指名補習のお時間であったとの有り難いご報告であった。ご報告も度重なると受けたくなくなるものらしい。別の母は出る前に用件が表示される電話の開発を待ち望んでいる。

「『もしもし』の『も』の字で、ああ担任だと分かるから、普通は声のトーンを上げなければならないのに思い切りどんよりした声になっちゃう。『お嬢様は何かのご病気でしょうか?』って言われたわよ。『追試があったんですが通院中で予約してるからと受けずにお帰りになりましたが』と言われた日には『そうです。もう脳の病気ですッ!』って叫びたくなる。追試をさぼって本屋に通院するなんて脳の病気しか有り得ないじゃない……」

私立の面倒見を期待して子どもを突っ込んだくせして、いざ本当に面倒見が良いとなると憂鬱になるワガママなオバさんが多すぎる(ごめんなさい。犯人は私です)。

ことわざで「馬を水辺に連れて行くことはできても水を飲ませることはできない」というものがある。(※よかれと思って人がチャンスを与えることはできても本人にその気がなければ無理強いすることはできないという意味)中学受験を子どもに体験させた母たちの多くは水辺に確かに馬を引っ張って来た人たちだ。友人が言う。子どもはトップ校に在籍している。

「私の子育ては水辺に問答無用で引っ張って来た挙句に水どころか、ジュースが欲しいの? ミルク? 紅茶? と喉も渇いていない子に次々と飲みものを差し出しては無理矢理飲ませて来たようなものだよね。でも今にして見れば良かれと思ってやってきたことが実はとんでもない間違いだったのではないかと思うときがあるんだよね。本当はそんなことは必要なくて喉が渇いたと子どもが言うまで待っていればよかったのかな……」

そんな折り「啐啄同時《そったくどうじ》」という四字熟語があるということをN研の先生から教わった。卵からヒナが殻を破って生まれ出ようとする瞬間に内側からヒナが殻をつつく音を啐、親鳥がその音に呼応して外側から卵をかみ破ることを啄と呼び、転じて両者の気持ちがピッタリ合うタイミング、逃してはならない絶好のチャンスという意味なのだそうだ。教育界では頻繁に引用される言葉だそうで、機が熟したときに必ず子どもからの合図があるので、そのとき、すかさず励まし褒める。そのことが子どもの成長を大いに助けるのでタイミングよく子どもの成長を促せというような意図で使用されることが多いらしい。

子どもに中学受験を押しつける形になった母たちは水辺に馬を引いては来たが、水を飲まないから心配になって「水が嫌ならこれでどうだ？　ホレ、飲め！」とばかりにほかの飲み物を喉に突っ込んでしまったのかもしれないし、中学に入ってもヒナが待てど暮らせどウンともスンとも言わないから「もしや中で腐ってる？」という妄想にとりつかれ「うぉーい！　生きてまっかぁ？」と殻をコンコンしているうちに「ゲッ、穴が開いちまった。どーしよー」とオロオロしているというような状態なのかもしれない。

子どもなんて放っておけばよいのだという意見もあるだろう。愛情過多が招く悲劇だねとひと言で片づけられてしまうこともあるだろう。そういう母が子どもをつぶすのだと声高にしかも理路整然と言われると黙り込むしかない。反論できるだけの実績も語彙力も呆れるほどに持っていないのだから。

「ホレ見ろ。そんなヤツは喉が渇くってのがどんな感じなのかを知らないんだよ。まあ、母親の育て方が悪かったんだな」

他人の叱責なら怖くはない。自分自身から出る内なる声に辛くなる。

しかしである。教訓の思惑どおりにやれればそれに越したことはなかろうが、やろうと思ってもできないからこそ「ことわざ」になったり「四字熟語」になったりしておるのではないか。そもそも凡人にできるくらいなら古（いにしえ）の時代から語り継がれる言葉にはなっていないのだと開き直って自分を慰めてみる。

「ああ、あのときあたしがこうやったのが間違いだったか……」とか「あのとき、こうしていれば今ごろは……」とか嘆く気持ちは誰にでもある。

「ああ、何を考えているのやらさっぱりわからん子どもに何をどうすればいいのやら」と私も含め取材させていただいた母たちの苦悩は深い。受験を成功させたからすべてがＨＡＰＰＹなわけもなく次から次へとやってくる葛藤にみんな悩んでいる。中学に入った今の時点で揺れている母はたくさんいる。子育てがさらに難しくなったと実感もって語る母ばかりだ。

「ウソをつく」「ごまかす」「学校に行けない」「さぼる」「無気力」「反抗的」「暴言」……。

母の多くが子育てに見えない壁を感じると訴える。ある母は「この子の親であることはなんと疲れることか」とつぶやき、別の母は「私はいつでも自分にとっての『都合の良い子』が欲しいだけかも」と口にする。

「タイムマシンがあったら30年後の我が子がどうなっているのかを見て、今を安心したいと思わない？安心できなかったら軌道修正したいし」

と友人がそう笑う。

私は思う。見たいという誘惑にはかられるけれども多分見ないだろうなと。

結果が怖くて見られないということもあるけれど、わかってしまうと今を生きてる意味がないような気もするのだ。

今回、人生の大先輩母たちにも思春期の子育てを聞いて回った。その誰もが最後はこんな風に語ってくれた。

「子育てはどこまで行っても結果は出ないものなのよ」

「りんちゃん、子育てにも人生にも答えはないの。あっても辛いだけじゃない？」

大先輩たちがこう言うのだから、そういうものなのかもしれない。結果はわからないけれど、答えは全然見えないけれど、仕方がない。こうなったら、母も子もかっこ悪くていいじゃん。打たれ弱くてもいいじゃん。

どんな大人を見たって、どんなに傍目には成功しているように見える人だって内面では結構かっこ悪い自分を引きずって生きている。カケラがたくさんあり過ぎてそれらが擦れるごとに小さな痛みが疼いているんだ。ある母が、

「子どもが生まれてきたころは将来は大物になってくれよと身分不相応な夢を持ったりしたけど、そのうち、もういいや、人様に迷惑をかけなければと思いだし、今はもっと進んで、いい！　人は誰でも他人に迷惑をかけて生きてるんだ、迷惑をかけていい。人様に多少の迷惑をかけてもオマエは生きろ！　絶対、生きろ！　に変わったよ」

と笑いながらそう言った。

『ホテルハイビスカス』という漫画（仲宗根みいこ著、新潮社）の中でこんなシーンが出てくる。母が娘に「今に母ちゃんはサア、あんたたち、子どもにどんどんどんどんエネルギーをとられていって、あっという間に腰がひん曲がってボケたらゴメンねー」

と豪快に笑い飛ばしたあとに沖縄の青い空を見上げてこう言うのだ。

「こんなふうに強くて明るい太陽の下なら母ちゃんまだまだがんばれる気がするサア」

未来はどんなかもわからないけど、たおやかに、しなやかに、結果オーライを目指そう。私たちは太陽の下でまだまだきっとがんばれる。シミ、ソバカスだけに気をつけて「今日も晴れたね」って言って、みんなで笑おう。もしも今日が雨だとしても、大丈夫。明日は晴れるさ、そうだよね。

9
September

君は君の道を行け！

「子どもにはどう生きてもらいたい？」あるいは「我が子に将来、どういう方向に進んで欲しい？」ときおり母同士の会話に登場する言葉だ。そりゃあ、あっしの場合、強欲ですから「おいしい汁だけチューチュー吸って一生ハッピー」に生きて欲しいっす。『合格記』って本にもそう書いた。

その後、何人かの方から子どもに対しておいしい汁ばっか吸わせたいとは何ごとか！　そんなんでは社会の荒波は渡っていけけん。千辛万苦を踏み越えて力戦奮闘、雲蒸竜変のごとく活躍する我が子を育てようとは思わんのかね、これだから今時の親はどったらこったらというご意見をちょうだいした。

そんなぬる～い生き方でホントに幸せなわけぇ～？　なんていうご意見も賜った。

しかしである。「おいしいとこだけチューチュータイム」なんて時間を過ごせるヤツは現実的にはこの世にはいないのであって、大多数の人物が「なんだかな～」と思いながら日を重ねている。「チューチュータイム」は単なる努力目標、願望に過ぎないのだ。

だいたいにおいて世のオバさんは元本保証で元が取れ、さらに利子つきのお得好きと相場は決まっているのであって断然ノーリスク・ハイリターン派が圧倒的だ。りんこも例外ではない。子育てにおいてもその技は如才なく発揮されてきたのである。中学受験などその最たるもので、そうでなくては盆暮れもないような塾生活（勉強が身についているかどうかは別として）など到底送ることなどできないのだ。

「払った分は元を取りたい」とか「こんなに私の犠牲をはらってきたんだからどうか見返りを！」とか「子どもはともかく私は精神的にキテるんですからご褒美くらいちょうだい」などと平気でつぶやく図太い神経や根性をひと回りもふた回りも成長させてきた。当然子どもが中学に入ろうとも変わるわけもなく現在進行形で順調に成熟中という形容が似つかわしい。

それは「勉強したの？」「宿題終わった？」「レポート書けた？」「あれ持った？」「これ持った？」と子どもの顔を見るやいなやの怒涛のごとく浴びせかける言葉に象徴される。

「母だってこんなにがんばっているんだから学生であるアンタが勉強するのは当然でしょ」だったり「こんなにグータラさせるために受験させたんじゃおまへんで」だったりするのだ。お得好きな奥様にとっては「元をとる」ことを自ら拒否しているようにしか思えない子どもの態度は許せないものになってくる。

この「元をとる」という言葉の意味を友人と話し合ったことがある。そもそも子育てに「元をとる」なんて発想をして良いものだろうか。見返りを期待してはいけないものではないのか。そういう疑問から出発しての話し合いだ。彼女ははっきりと「元をとる」という意味を「良い大学へ合格すること」と言い切った。私立の進学校を受験させ進学させたということはイコールそういうことであると言う。「のんびりさせるために私立へ」なんて考え方は到底迎合できないと言う。

「もちろん楽しいに越したこたーない。こたーないが『エーイ！　勉強せーよ！　良い成績とれよ！　んでもって良い大学（門は赤が希望）に入ってくれよー、金かけてんだからな』ってのがホントのホントの本音じゃない？　家はさらにその上もあって『ちゃんと就職して老後は面倒見ろよー』とまで言ってるのよ」

ストレートに迫ってくる言葉を肯定すべきか否かも判断つかないまま曖昧に笑うりんこ。こういう気持ちがまったくないと言えばウソになるし、それだけの覚悟を持って全力で子育てをしているのかと言われたらそれも違うとしか言いようがない。彼女の家は夫婦が考えを同じうして一致団結して、それだけの覚悟と責任をもっての子育てだ。りんこのような「マッ、いっか…」の軟弱な地盤にはいないのだ。

覚悟を持っている人の子育ては崩れない。これまたりんこの友人で子どもを超進学校に通わせている母はこう言った。

「りんちゃん、塾はね、その場で習うところではなく1週間の自宅での練習の成果を発表する場なのよ」

実はこれ人間の話ではなく犬の塾についての話であるのだが、目からウロコで、そういう自宅での練習なり学習なりがあって塾やお稽古事や試合があるのだなーと自分の甘さ加減に立ちくらみを起こした。やはり甘い汁を吸うにも人目に見えない努力はあるのだ。

「子どもを育てる」という作業はある意味、覚悟の連続だ。授かり産むという選択をし何があっても育てていくという覚悟を持ってのスタートだ。スポーツ選手にさせる、一流大学に入れる、自分の跡を継がせる、平々凡々が一番、どんな夢でも子どもの夢を応援していくなど、その家庭、家庭に沿ったいろんな覚悟があるはずだ。その強弱もいろいろであろう。他人がとやかく言うことではない。

そう改まって考えるに私は「息子は私立中学向きだ」と信じて行動したが、その先にある将来の「覚悟」までは何も考えてなかったようにも思えてくる。と言うよりも「ワシャ疲れたから、それから先は自分で何でもやってちょーよ。もう知んないからねー」といきなり梯子を外したに等しい状況になったのかもしれない。そんなことをしておいて「こんなはずでは！」とか「地獄の2丁目が！」などと慌てているのも笑止千万であろう。

こんな情けない親に育てられるほうも気の毒ではあるが、子どもは親を選べないのだから今さらしょーもあるめい。ただ、こんな母だが何も考えていないわけでもない。

子どもよ、これからはなるべくたくさんの人から叱られていって欲しい。「これ以上？」って言うなかれ。母は当然、父も当然。祖父も祖母も親戚のオジサンやオバサンも父母の友人たちも君の先生方も先輩も必要とあらば君を叱っていくだろう。母は数を競うわけではないがその人数は多いほどいいと思っている。たくさんの人から目一杯叱られなさい。その度に君は考える。何かのせいにしてすりかえることなく問題の本質から逃げないで、その度に考えて欲しい。言われた言葉に理不尽さを感じることがあったとしても叱られることを諒としよう。なぜならその瞬間、君のことを間違いなく考えているから叱るという行為が出るのだ。どうでもいいヤツのことなど、誰も怒らない。たくさんの人に思ってもらえるということは間違いなく幸せなのだ。母の育児放棄ともいえるが、これからはたくさんの人とのかかわりのなかでいろんな人に育ててもらうのがいい。褒められることが目的で良い子になるならば、その分やりたいことをやって怒られろ。人間、ジジイやババアになると心から怒ってくれる人なんかいなくなる。その経験も今しかできない。日々は到底HAPPYなことばかりではないが、人生にはいいこともたくさんある。そのためには、とりあえずは「丈夫で長生き」。これだけは絶対はずせない。これらを踏まえ「どう生きて欲しいか」と再度問われたら母はこう言う。

「そんなん、自分で決めんしゃい。母は母の道を行く。君は君の道を行け！」

おわりに

中学受験は母と子の戦いである。たった12歳の子どもたちに、必要以上想像以上の勉強をさせて、ようやく合格という切符をものにする。

母たちはみんな悩みながら落ち込みながらも、この道を突き進んでいった。

「また模試の結果に過剰反応しちゃったよ」「受験なんかやめちゃいなさい！　って叫んじゃった」「言っても言ってもわからないから、ついには手を出してしまった」

母たちのココロは、傷ついていたし、救いを求めていた。

だから『偏差値30からの中学受験　合格記』や『リレーアドバイス』は多くの母たちにあたたかく受け入れられたのだと思う。

〈大丈夫だよ、もう少しだよ、間違ってないよ、みんな同じだよ〉

そんなメッセージにどれだけの人たちが癒され、救われたことだろう。私自身もこの2冊を世の中に送り出せて、本当によかったと思ったし、満足していた。

でもね、思っちゃったんだよね。中学受験はゴールじゃないって言っておきながら、合格したらハイおしまい、ってちょっと変じゃないかって。合格したら万事ＯＫで、全落ちしたら未来はないみたいな終わり方は、ちょっと違うんじゃないかなって。

この春、中学受験はせず、区立中学から都立日比谷に合格した友人の息子さんがいる。親は無理せず、深入りもせず、本人ががんばって、自分で勉強して最難関に合格した。

そのとき、なんかまっとうな道だなあ、って思ってしまった自分がいた。中学はどこに行っても、その子次第、もう親の出る幕じゃない。私立へ行けば明るい未来が約束される、な

んてことも、残念ながらないんだよね。

次の瞬間、りんこさんに電話をかけた。

「中学編作ろうと思う!!」

現在進行形で中高一貫校に通っている子どもの母としては、とても書きづらかったと思う。人にああだこうだ言ってる場合じゃないという思いもあったろう。最初は言葉もでなかったけれど、でもりんこさんなら、現役の母だから率直に悩みは悩みとして、現実は現実として書けるって、上からでも下からでもなく、ちゃんと母の思いを真っ向から書けるって信じてもいたんだよね。


学習研究社の藤林仁司さんは、いつも通り豪快に「いいよ〜やろう!」って言ってくれた。編集者としての勘みたいなものがするどくあって、いけると思ったら短い言葉で、ごちゃごちゃ言わずに快諾してくれる。だから本当にありがたい。

それから今回は新たにイカ頭巾ちゃんにも登場していただいた。彼女の作る4コマの人形の世界は、ウィットに富んでいて思わずにやりとしてしまう。もちろん中学編に花を添えてくれたのは間違いがない。


私自身も、毎日が超楽しいと元気に通っていく娘を見るのは喜ばしい。でもまだまだ危なっかしくて、ついつい口を挟みたくなる。でもそれももう卒業しよう。ママはあなたのことを信じているから、あなたは自分が信じる道を行きなさい。いつでも近くで応援しているから、中学生の母たちが、みんなそうしていくのと同じように。

2004年9月　編集担当　望月恭子

profile

鳥居りんこ／息子たこ太の中学受験で一生分の怒りエネルギーを使い果たしたはずなのに、その埋蔵量たるや底知れず。「怒力発電」ができないかと真剣に考慮中。座右の銘は「ケ・セラ・セラ」「明日でいいことは今日やるな」
家族４人と一匹（ヨシガス・塾に入れるも最下位クラス）で湘南の砂に埋もれて、もう大変。

イカ頭巾ちゃん／元祖うなぎ下がり・ＴＯＮＪＩの母にして謎の人形遣い。
主に横浜港深海に生息。学術名「崖っぷちマダム」。座右の銘は「上を見ればキリがない。下を見れば誰もいない」

偏差値30からの中学受験　番外編
中学に入ってどうよ！？

企画・編集	望月恭子
著者	鳥居りんこ
装丁・本文デザイン	釜内由紀江
人形制作	イカ頭巾ちゃん
撮影	風渡友宏
本文イラスト	鳥居りんこwithレディ
書・編集	都筑順子
スペシャルサンクス	湘南オバさんクラブ　卒母の会
編集人	藤林仁司
発行日	2004年10月7日初版発行
発行人	堀　昭
発行所	株式会社　学習研究社
印刷	大日本印刷　株式会社
DTP	株式会社　明昌堂

この本の内容に関するお問い合わせは、以下のところにご連絡ください。
■編集内容については、編集部直通☎03-5496-0129
■在庫及び不良品（落丁・乱丁）については、出版営業部 ☎03-3726-8188
■それ以外のお問い合わせについては、「学研　お客様センター」
文書　東京都大田区仲池上1-17-5
電話　03-3726-8124